なぜ、うまくいっている会社の経営者はご先祖を大切にするのか

Why should a successful business owner venerate his ancestors?

Shigeru Tenmyo

天明茂

致知出版社

はじめに　幸せと成功を呼び寄せる家系分析

人間として最も大事なことは本当の自分を発見することだといわれる。自分探しの旅に出る人も多いようだが、本当の自分は外にあるのではなく先祖から受け継がれた自分の遺伝子や環境因子の中にあると私は考える。

人は誰でも両親から遺伝子を受け継いで生まれる。両親は祖父母から、祖父母は曾祖父母から同じように遺伝子を受け継いで生まれてくる。また、後天的な資質も幼少時の教育や家庭環境などに大きく影響を受けるから、両親や先祖の中に自分の潜在能力の大半があることになり、これが分かれば本当の自分が分かる。遺伝子や環境因子として受け継がれた良いものを伸ばし、悪いものは抑えていくことで自分の可能性を最大限に発揮できるし幸せや成功を手に入れることもできる。困っている問題の解決策も見出せる。

個体としての生命は有限であるが、その生命の源である遺伝子は先祖から自分へ、そして子孫へと受け継がれていく。この連続して止《や》まない生命を〝いのち〟と捉えると、先祖一人ひとりの性格、能力、想い、願いは〝いのち〟に凝縮されている。見方を変えると、代々にわたって受け継がれてきた〝いのち〟は、幸せ情報の詰まったハードディスクといってもいい。

しかも、このハードディスクは宇宙にクラウド保存してあるようなものなので、災害があっても消えてなくなることはない。家の系譜を図式化した家系図は、このハードディスクの一部を取り出して、目に見える形に（見える化）したものである。家系図を使って自分の〝いのち〟を遡《さかのぼ》り、両親や祖先の生きざまを理解することによって、私たちは人間力を高めることができる。それによって、困っている問題を解決し、より幸せな生き方や成功を摑《つか》んでいくことができる。これを「家系分析」と呼ぶ。本書では、この「家系分析」の生かし方について実践例を交えて解説していく。

遺伝子研究で名高い筑波大学名誉教授の村上和雄先生は、遺伝子の構造と原理がすべての生物に共通しているという不思議さを〝サムシング・グレート〟のなせるワザではないかと推測する。村上先生は「サムシング・グレートの存在は、遺伝子からくる生命の連続性から逆算すれば、それは私たちの親の親の、ずっと上の親のようなもので、自分が少しでも他人の役に立とうとする姿を見れば喜ばないはずがない」といわれる。宇宙の創造主ともいうべきサムシング・グレートとは、〃いのち〃を遡ったところの先祖であり、この大本の先祖が私たちを応援してくれるというのである。家系分析を研究してきた一学徒として先生の慧眼《けいがん》に敬服するとともに、我が意を得たりと感慨深いものがある。

村上先生は「サムシング・グレートがスイッチ・オンすると、自分の遺伝子がスイッチ・オンする」とも言われる。ただ問題は、サムシング・グレートがいかに応援しようにも、サムシング・グレートと自分の間に「配線」がつながっていないと、自分の遺伝子にまでそれが届かないという点にある。この「配線」は、両親、祖父母、曾祖父母などの親・祖先と自分の心の間につながっている。「配線」がつながるとは、親・祖先に関心を持ち、感謝の念を持っているということである。親を恨《うら》んでいたり無関心で感謝のない人は配線が切れているので、サムシング・グレートからのエネルギーは伝わってこない。

どんな親でも子に無限の愛を注《そそ》いでいる。しかし、子供が一方的に親を無視して離れてしまったら、親は何もしてやることができない。「配線」をつないでおくことは、先祖からのエネルギーを受け取る絶対条件なのである。

また、先祖から受け継がれている徳に気づき、讃《たた》え、感謝すれば、眠っていた良い遺伝子にスイッチが入り、自分の可能性が最大限に引き出される。家系分析はそのツールとなる。

私が家系分析を教わった故薄衣佐吉《うすぎさきち》先生（公認会計士・日本大学教授、以下、恩師と記す）は敗戦後抑留《よくりゅう》されていたソ連から戻り、昭和二十三年に公認会計士事務所を開設し、多くの行き詰まった企業を救ってきた。行き詰まる会社の大半は経営者の人間力に問題がある。その経営者の人間力開発の手法が家系分析であった。

私は昭和四十一年から弟子の一人として企業再建指導に携《たずさ》わり、恩師亡き後も家系分析を通じて多くの企業の経営改善や人材育成にあたってきた。「家系図は世界でたった一つの、自分だけの教科書」と喝破《かっぱ》された恩師の教えは、「家系を遡り自分に受け継がれている徳を発見し継承することが人間性を高める最高の方法であり幸せの源泉」という点にある。家系分析によって、仕事や家庭生活上の問題を解決することができるし、行き詰まった会社も再建できるのである。

さらにいえば、家系分析は日本創生にも役立つ。今、日本の中高生の多くが自信をなくしている。日本青少年研究所の調査によると「自分が価値ある人間だと思う」と回答した高校生の割合は、日本三十六パーセント、米国八十九パーセント、中国八十八パーセント、韓国七十五パーセントと、日本は圧倒的に低い。また「私は努力すれば大体のことができる」と答えた割合は、日本四十四パーセント、米国八十九パーセント、中国八十九パーセント、韓国八十四パーセントと、これまた日本は見る影もない。中学生もほぼ同様の結果である。

政府は地方創生や日本再生を掲げるが一貫して経済最優先の政策を崩さない。例えば、少子高齢化の中で経済力を高めるために外国人を大量に受け入れるというが、若者の自信を取り戻すことが先ではないだろうか。経済優先が精神性の貧困を招いたことは戦後の歴史が証明している。

日本の若者がこんなに自信をなくしている原因は家庭、教育などさまざまあろうが、何といっても大人の後ろ姿を反映していると捉えるのが改善の早道であろう。大人の社会でも「人と関わりたくない」「干渉されたくない」「自分さえ良ければ」という人が増え「無縁社会化」が進んでいるという。それは「利己主義」の蔓延《まんえん》に他ならない。「人」という字は「支え合って生きる」ことを意味するというが、無縁社会化はこのことと逆行する。これは、戦後における家制度の崩壊と個人主義の誤った浸透が大きな原因ではないかと推測する。結婚したら親とは別に住むのが当たり前、親が年老いたら老人ホームに入れるのが当たり前という希薄化した親子関係が先祖や家系への関心を薄れさせ、先祖から学ぶという心を滅ぼしてしまった。この弊害《へいがい》はボディーブローのように効いて日本を蝕《むしば》み続けていると懸念《けねん》するのは私だけであろうか。

日本に限らず世界中どこでも親は子供の幸せや成長を願う。親から子へ、子から孫へと受け継がれる親・祖先の愛や願いや期待などを素直に受け入れることから人の心は育《はぐく》まれる。親があって自分がある、先祖があって今があるという当たり前のことを再認識し、感謝の気持ちを深め、期待に応えようとする心が自分を成長させる。ひいては失われつつある日本の良さや文化を現代によみがえらせ、真の日本創生につながるものと信じている。

筆者はどこにでもいる一介の公認会計士にすぎないが、簿記会計や監査業務はあまりやらず、行き詰まった会社の再建や経営者の人間力向上をサポートすべく家系分析の指導に携わってきた変わり種である。監査法人薄衣佐吉事務所に入所を許されたのが昭和四十一年十月。恩師から最初に指導されたことは、「親に頭を下げよ　先祖につながれ」であった。歳を重ねるほど、家系分析の大切さを多くの人に知ってもらうことが自分の天命であったと痛感するようになり、最後のご奉公と思ってはじめた「生き方と経営の極意」の講演は、幸いにも多くの方から「感動を受けた」と励ましのお言葉をいただいた。是非とも多くの人が生き方の指針にしてほしいと願って本書を執筆した次第である。

本書が読者の可能性を最大限に引き出して幸せと成功を呼び寄せる縁になることを願って止まない。

なぜ、うまくいっている会社の経営者はご先祖を大切にするのか　目次

はじめに　幸せと成功を呼び寄せる家系分析　1

第1章　人間力を高める　―自利から利他へ―

1　人間力とは何か　20
人間力のベースは人間性　20
中国古典『大学』にみる人間力　21

2　人間性をどう測るか　24
人間性向上の四段階　24
七段階に分けられる人間性のモノサシ　25
自利から利他へ　27
行き詰まる社長に共通する人間性の低さ　29

3　人間性はどう培われるか　31
遺伝子と環境因子が人を支配する　31

助産師さんは知っている　32
基本的信頼感の欠落がもたらすもの　33
基本的信頼感を回復する　35
心のコブを取り除く　37
兄弟でも性質が違う理由　39

4　人間性の高め方　41

人間の成熟に必要な心の栄養　41
他を責めているうちは幸せになれない　43
親孝行は人間性向上の一番の近道　45
人間として生まれた奇跡のような確率　46
生まれたからこそ悲しみもある　48
良い因子を認め感謝する　49
悪い因子は縁づけないようにする　50

5　内観体験から分かってきたこと　51

仏教の修行法だった内観　51

懺悔の心が噴き出る 52
涙で心が洗われる 54
心が変わると体も変わる 56

第2章 〝いのち〟を遡る ―家系図は幸せ情報の見える化―

1 家系とは何か 60
家制度と家系 60
家系とは〝いのち〟の流れ 61
〝いのち〟は幸せ情報が詰まったハードディスク 62
家系の諺から 63
老舗の家訓にみる永続の秘訣 65

2 家系を遡ると人間力が高まる 67
〝いのち〟を遡る家系分析 67
家系分析は自分の品種改良 68

家系自慢と卑下の誤解 69
親・祖先の長所を受け継ぐ 70
短所もすべて受け入れる 72
親の借金は自分の借金 73

3 家系分析で遺伝子がスイッチ・オン 75

家系分析のすごい効用 75
親心に触れると心が変わる 76
心が変われば病気も癒される 79
苦難は心得違いを教えてくれる先生 81
家系分析で家のエネルギーが強くなる 82
サムシング・グレートの応援を受けるための条件 84
祖先を知ることによる生命エネルギーの循環 86
第六感は先祖の導き 87

4 目的に応じた家系分析の着眼点 89

事業を継承、家を継承したい人 89

自分の使命を知りたい人　93
困っている問題の解決に役立てたい人　94
人間力を高めたい人　96

5　家系分析の疑問を解く　97
家系を調べたら問題だらけだった　97
水子を持った人がするべきこと　99
障がいを持った先祖に感謝する　100
先祖の苦しみ・悲しみを生き方に生かす　102
縁日と百日墓参　103

第3章　眠っていた遺伝子が目覚める　―家系分析の進め方―

1　家系分析の進め方　106
家系分析の手順　106
家系図のルール　108

家系の調べ方　109
三代先の先祖は八家　111
戸籍謄本を取り寄せる　112
2　先祖の生きざまを調査する　114
両親・祖父母から聞く　114
親戚を訪ねる　115
本家、菩提寺への訪問調査　116
早いうちから記録を残す　116
3　家系調査は先祖の導き　117
先祖が待っていてくれる　117
紫雲が迎えてくれた　118
奇跡的な墓守りとの出会い　121
意味ある偶然の出会い　123
4　徳・不徳を発見する　124
徳・不徳の内容を明らかにする　124

因果関係を推測する　125
家のストーリーを読む　127
歴史を語り継ぐ　130
『永遠のゼロ』にみる家系分析　131

5　徳の継承と不徳の浄化　133
親・祖先の徳を継承する　133
使命は受け継がれる　135
不徳を浄化・抑制する　137
実生活での生かし方　138

6　家族史を編纂する　139

第4章　生き方のステージが変わる　―家系分析の実際―

1　先祖につながったら運が味方した　144
苦悩の末に廃業を決意　144

お墓参りが転機となる 145
新しい事業に進出 146

2 代々の家族愛、地域愛が生きる 147

居場所がなかった日々 147
母は愛してくれていた…… 148
家族愛と地域愛に貫かれた家と会社 150
父の偉大さを実感 152

3 子供が教えてくれた〝忘れられた先祖〟 153

第一子が未熟児、第二子が流産 153
父親と嫁との確執 155
家系に流れる悲しみを整理 157
父の心情を理解して心が変わる 158
絶家した曾祖父母を祀る 158

おわりに　家系分析は幸せと成功の近道　161

付表
★四代家系図シート
★四代の生きざま調査シート
★徳・不徳の分析シート

〈参考文献〉

装幀――川上成夫／編集協力――柏木孝之

第1章

人間力を高める

―自利から利他へ―

1　人間力とは何か

◉人間力のベースは人間性

人間力という言葉を頻繁《ひんぱん》に耳にし、また目にするようになった。「人間力」という用語に合意された定義があるわけではない。使う人によってその意味や重点の置きどころはマチマチであるが、人間力という言葉に込められた意図を考えてみると「先見性」「指導力」「人を惹《ひ》きつける人間性」「問題解決力」「精神性」「徳性」といったキーワードが浮かび上がる。それは観念ではなく人や世を導いていく行動力を含んでいる。

そもそも「○○力」とは能力を指している。

私の恩師である薄衣佐吉先生は、人間の能力を職務能力と人格能力に分類した。職務能力は仕事をする能力であり、これを知識（アタマ）、技能（ウデ）、体力（カラダ）として捉え、人格能力を人間性、すなわち「心」とした。

能力
→ 職務能力＝仕事をする能力（知識・技能・体力）
→ 人格能力＝人間性（心）

職務能力と人格能力（人間性）は車の両輪であり、どちらが欠けても十分でない。

しかし、敢《あ》えて言えば人間性が職務能力に先行する。「心が体を支配する」といわれるように、肉体は心に左右されるから心を正すことが先である。心がその気になれば知識・技術は後からついてくる。

◉中国古典『大学』にみる人間力

知識・技能より人間性を重視する思想は今にはじまったことではない。二千五百年前に書かれた中国古典の一つである『大学』は「大人《たいじん》の学」であるが、そこには次のようなことが書かれている。

ａ「大学の道は明徳を明らかにすることにあり」
ｂ「天子自《よ》り以て庶人《しょじん》に至るまで、壹《いっ》に是れ皆身を修むるを以て本となす」
ｃ「物に本末《ほんまつ》あり、事に終始有り。先後する所を知れば、則《すなわ》ち道に近し」

ａの「大学の道は明徳を明らかにすることにあり」にある明徳とは、明らかな徳。徳とは「その身に得たすぐれた品性」、すなわち自分にしかない良い特性であり、これを明らかにすることが人の道であると説く。

ｂの「天子自《よ》り以て庶人《しょじん》に至るまで、壹《いっ》に是れ皆身を修むるを以て本となす」は文字どおり、国王から一般庶民まで「修身」、すなわち、自分の身を修めることが最も大事だということ。

日本にも戦前の学校には「修身」という科目があった。これは戦後、道徳に置き換わったが、その位置づけは大いに低下してしまった。修身の基礎となるのは孝行であり、自分を生み育ててくれた両親の無限の愛を感じ、これに応えることである。

そして、最後のcの「物に本末《ほんまつ》あり、事に終始有り。先後する所を知れば、則《すなわ》ち道に近し」では、本末転倒を戒《いまし》めている。ここで「本＝根」「末＝枝葉」であり、また、「本＝徳性、末＝知識・技能」でもある。知識・技術は枝葉であり、根幹は徳性であると説いている。

以上をまとめれば、人間として最も大事なことは、自分にしかない徳を発見し生かすことであり、そのためには修身、すなわち、人間性を高めよというのが『大学』の一貫して説いているところと理解できる。

奇跡的な再建を果たしたＪＡＬを指揮した京セラ㈱の稲盛和夫名誉会長は『京セラフィロソフィ』の中で、「仕事の成果＝考え方×熱意×能力」と表現している。「熱意」「能力」はそれぞれゼロから百までの範囲だが、「考え方」はマイナス百からプラス百までの幅がある。いくら熱意・能力が高くとも考え方がマイナスであれば結果はマイナスとなってしまうことから「考え方」が一番重要だと説明している。ここでいう「考え方」は人間性に通じていると考えてよいであろう。

こうしたことを踏まえ、本書では異論はあるかもしれないが「人間力のベースは人間性」として話を進めたい。

2　人間性をどう測るか

◉人間性向上の四段階

人は誰でも両親の恩を感じる心、すなわち恩意識が原点にある。「両親に生んでいただいた」「育てていただいた」という恩の自覚は「おかげさま」「ありがとう」という感謝の気持ちに高まる。この恩や感謝の気持ちが大きくなればなるほど、「こんなにしていただいて……少しでもお返ししたい」という「恩返し」の心、いわゆる報恩《ほうおん》の心が生まれる。これが社会に出てからの「お役立ち」や「社会貢献」の心に昇華《しょうか》していくと考えられる（次頁図）。

恩の自覚や感謝の芽生えがない人は報恩の心や社会的貢献の意識が芽生えにくい。不幸にして両親との縁が薄かったり、寂しい思いが重く心にのしかかっている人ほどこうした傾向があるので注意したい。「自分は頼んで生んでもらったわけではない」「自分一人でやってきた、誰の世話にもならなかった」と思っている人に他人の幸せを考えられるはずがない。

恩の自覚（生み育てていただいた、おかげさま）
⇩
感謝の芽生え（ありがとう、感謝します）
⇩
報恩の心（お礼、お返ししたい）
⇩
社会貢献の心（人に尽くしたい）

逆に、自分が恵まれなかったからこそ他人には親切に接しようという人もある。それは自分が両親の愛を十分に受けられなかったことを恨んだり反発したりせず、客観的な事実として受け止め、受け入れることができた人である。親心に触れ、「自分が今あるのは親・祖先のおかげ」と思えることが人間性の向上につながるのである。

◉七段階に分けられる人間性のモノサシ

恩師は人間の発達心理に即して人間性を七段階に分けた。次頁の表にある「自己中心性」「自立準備性」「自立力」「開拓力」「指導力」「包容力」「感化力」の七段階である。人間は誰でも生まれた時の心は自己中心である。暑くても寒くても、お腹がすいても泣くばかり。他人のために泣くことはなく、ただただ自分のためである。これは発達心理学でいうところの「依存」の段階である。

人間性７段階区分		
７段階	感化力	人や世を感化する
６段階	包容力	清濁併せ呑む
５段階	指導力	人を教え導く
４段階	開拓力	困難なことにすすんであたる
３段階	自立力	権利義務をわきまえる
２段階	自立準備性	周りのことを多少配慮できる
１段階	自己中心性	自分のことしか考えない

幼稚園や小学校に上がり友人や先生と交わるようになると、多少とも自他の区別がつくようになる。しかし、まだ依存心が抜けない。そこからだんだん大きくなっていくにつれて自立心が芽生え、成人になると自立力がついてくる。自立力とは自分のことに責任を持つという責任感である。

結婚すると自分のことよりも家族を思いやる気持ちが大きくなり、妻子を養うために自ら困難に立ち向かう開拓力が身についてくる。また社長、上司、同僚、取引先などとの交流を通じて、職場や社会に貢献しようという意識が高まり、部下を持ち、社会的な役割が大きくなるにつれて指導力が生まれてくる。そして社会のリーダーとなるに及んで清濁併《せいだくあわ》せ呑む包容力が高まり、さらに、後ろ姿で人を導くような感化力が身についてくる。

１段階は社会的成熟度が最も低い「自利」、これに対して７段階は最高の「利他」の心である。すなわち、下に行くほど自分のため、上に行くほど相手のためを考える。世のすぐれた指導者といわれる人はみな、他人のこと、社会のこと、日本や世界のことに心を配る「利他」の心を持っている。

◉自利から利他へ

人間性は「人間らしさ」といってもいい。これを「人間だけが持っている心」とすれば、「他人の幸せを思う心と行動」こそ「人間らしさ」の根底にあるものと考えられる。親子関係を別にすれば、犬や猫が仲間の世話をしたり、自分が犠牲になって弱い仲間を助けるという話はあまり聞かない。心が未成熟なほど自己中心であり、反対に成熟するにつれて全体の中の自分を考えるようになる。

次頁の図はこのことを示している。すなわち、上へ行くほど「他人のため」という思い、いわゆる「利他の心」が高まる。人は一人では生きていけない、多くの人のおかげさまで生かされていることが分かるから、他人を「思いやる」「協力する」「助ける」「他人の喜びをわが喜びとする」という心になる。反対に、下に行くほど「自分

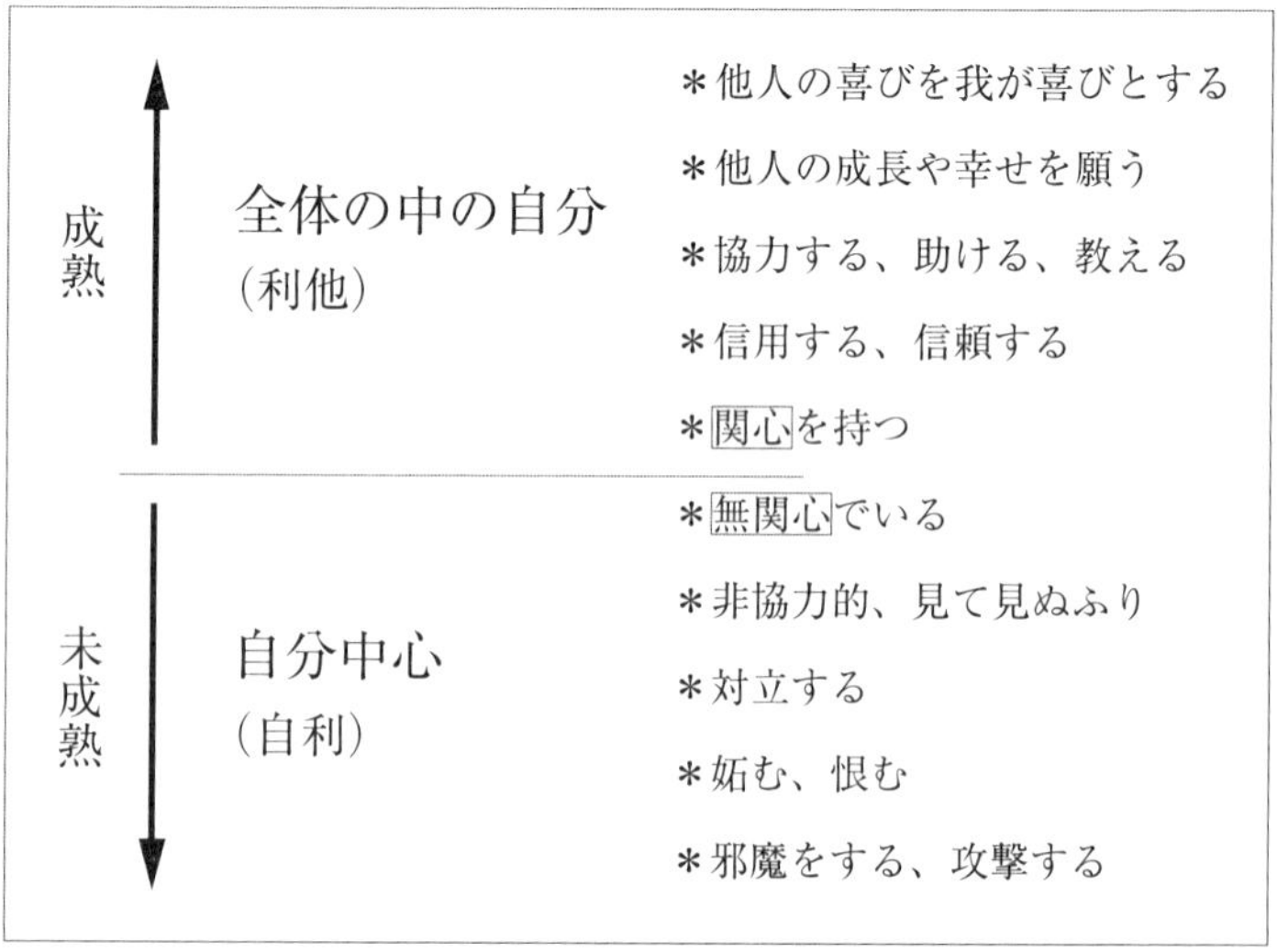

のため」の思いが強くなる。これは「自利の心」で、「自分中心」「妬む・恨む」「他人を騙《だま》して自分が得をする」など自分を優先する心である。

　心が自利に向かうか利他に向かうかの境目は「関心」か「無関心」かにある。すなわち、物事に関心を持てば理解が深まり、理解が深まれば信用や信頼が高まってくる。他方、無関心のままであれば理解ができず、いずれ反発・反感から憎悪《ぞうお》の念にもなりかねない。

　例えば、ホームレスが道端にたむろしていたとしよう。ホームレスの段ボールが道にはみ出していれば通行の邪魔になるから困ったものだと思う。しかし、この時に

「なぜホームレスが増加しているのだろう？」と関心を持ち、調べ、事実を知れば、ホームレス問題を何とか解決したいという心も生まれてくる。マザー・テレサは「無関心は人類最大の罪」といわれたが、その心を理解したいものである。

他人のため社会のために役立つことが人間の人間たる所以《ゆえん》であり、こうした心が人を惹きつけて止まない人間力の源となる。これを突き詰めていけば、人間性とは「徳の高さ」を表しているといっていい。人徳の高い人の家は家徳《かとく》が高く、こういう人が経営する会社は社徳も高くなるのである。

◉行き詰まる社長に共通する人間性の低さ

では実際の私たちの人間性レベルはどの程度なのだろうか？

恩師の調査によると社会人の七十五パーセントは1段階（自己中心性）から3段階（自立力）であった。4段階「開拓力」以上はわずかに二十五パーセントという結果である。私は行き詰まった会社の診断指導に長らく従事していたが、経営に行き詰まった会社の経営者には社会的成熟度が低い人が多かった。

企業倒産の原因として一般的に「景気の悪化」「放漫《ほうまん》経営」「設備過剰」などが挙げ

られるが、共通しているのは利害関係者からの信頼の低さである。利害関係者とは得意先、仕入れ先、外注先、従業員、株主など、会社に関わりを有する人たちであり、それらの人から信頼が薄いのは経営者の人間性が反映しているからに他ならない。

行き詰まる会社の経営者は「わがまま」「自分の利益を優先する」「人の意見を聞かない」「傲慢《ごうまん》」「感謝の気持ちが薄い」という特徴がある。「自利／利他」でいえば「自利」に心が向いている。よく「ワンマン経営が悪い」といわれるが、決してそんなことはない。ワンマンが悪いのではなく感謝の心や利他の心の薄さこそが問題なのである。

会社の目的は社会的価値の実現であるが、責任者たる経営者の心が自分中心では社会的価値を生み出せるはずがない。行き詰まる会社の大半は経営者の心に原因があるのであり、不景気で倒産するのでは決してない。

3　人間性はどう培われるか

◉遺伝子と環境因子が人を支配する

人の体と心は遺伝子と環境因子に支配されている。それゆえ、遺伝子と環境因子を明らかにすれば自分自身を知ることができ、これを良い方向へ伸ばすことで人間性や能力を高めていくことができる。遺伝子は先祖から代々受け継がれ、変化し続けてきた生命の設計図であり、成長や代謝に合わせて身体の基本構造をコントロールしている。他方、環境因子は育った環境（家庭環境、教育、食べ物、運動など）の影響を受ける後天的な因子であり、生きていく上での経験が蓄積されている。つまるところ遺伝子と環境因子が自分の体や心を支配しているといっていい。

人の心が幼少時の「教育」や「環境」に大きく影響を受けるのは、人の成長段階における脳細胞の分裂が、旧皮質《きゅうひしつ》は三歳位まで、新皮質《しんひしつ》は十二から十三歳位までに形成されるためである。人間の心の持つ「知・情・意」という三つの働きのうち、「知・意」は新皮質が、「情」は旧皮質が司《つかさど》るといわれる。とりわけ人間性は「情」に関わる面が大きい。それだけに幼児期・児童期の環境、それも家庭環境、特に父母との関わりに大きく影響を受ける。「三つ子の魂百まで」という諺《ことわざ》は、こうした幼少時の環境因子が自分の性格形成に大きく関わっていることを示している。結婚相手の品定めに「親を見れば分かる」といわれるのも、親の性格や行動が子供に大きく影響しているからである。

◉助産師さんは知っている

幼児期における両親との接触が人間性に大きく影響することは、子供の教育に携わる人や助産師さんたちが異口同音に指摘しているところである。

およそ七十年間で四千人の赤ちゃんを取り上げてきた助産師の坂本フジ江さんはゼロ歳児の育て方に注目して、「お母さんは赤ちゃんを抱いて抱いて、ひたすら抱きしめて、徹底的に可愛がってあげる。与えて、与えて与えきって構わないんです。そうすれば素直ないい子に育ちますよ」「ゼロ歳児の一年間の養い方を間違ったら、その人は一生そのキズを引きずって生きることになる」といわれる。

「本当の愛情をもらった子供たちは、母親との間に原信頼関係というのができてくるんです。そして次に自尊、つまり自分を尊ぶ感情が生まれてくる。（中略）それをベースに父親も見る、おじいちゃんおばあちゃんも見る周囲の人たちも見る、というように社会に広がっていく心というものが育まれていくんですよ」（『致知』二〇一四年十二月号）というのである。

また、三十三年間で二千六百人以上の出産に立ち会ってきた内田美智子さんは、「育児放棄をしたり、我が子を虐待する母親が増えているといわれます。これは、母性が育っていないから起こるんです」という。「母親が母性を豊かにすることで素直ないい子が育つ」と断言されている。さらに、思春期の子供たちの指導に携わった経験から、思春期に躓《つまず》く子供たちは親から大事にされていなかったことを知ったという。「思春期に性の問題で躓く子どもたちも、育児放棄や虐待をする母親も根本は同じなのです。生まれた時にまで遡って考えなくてはいけない」といわれる（『致知』二〇一二年十二月号）。

◉基本的信頼感の欠落がもたらすもの

人間性が培われる原点は幼少時の環境、とりわけ両親との交流にあるが、人は通常、生まれ育つ過程で両親に対する絶対的な信頼感が培われる。下等動物には生まれてすぐに自立できる種が多いが、高等動物である人間は誰かから育てられなければ生きていけないから、両親に依存する本能が備わっているのであろう。この幼少時における両親に対する絶対的信頼感は「基本的信頼感」と呼ばれる。すなわち親から愛されているという安心が他に対する信頼感となり、これが人間性の基礎になると考えられる。

両親の夫婦仲が良く、愛情深く育てられた人は両親への信頼感が培われ、円満な人間性が形成されやすい。これに対して何らかの理由で両親の愛を十分に受けることができずに育った人は基本的信頼感が育まれにくく、こうした人ほど人の愛を素直に受け入れることができない傾向が強い。強い欲求不満、人を信用できない、ひねくれたり、反発したり、その表れ方はさまざまであるが、それは幼少時に両親から愛してもらえなかったという心の傷（心的外傷＝トラウマ）が原因となっているのである。

このような心の傷が生じる原因には、幼い時に両親と死に別れた、両親が離婚して寂しい想いをした、両親から暴力を振るわれていた、友達からいじめを受けた、夜遅くまで保育園に預けられていて寂しい思いをしたなど、さまざまある。

こうした幼少時の心の傷は多かれ少なかれ誰にでもあるものだが、普通は大人になるにつれて薄らいでいく。大人になり世間のことが理解できるようになると、世の中には裕福な家があれば貧しい家もあり、両親が揃《そろ》っている家があれば片親の友達がいることも分かってくる。辛いのは自分だけじゃない、社会というものは自分の思いどおりにいかないものだと理解できるようになる。それにつれて心の傷は次第に消え失せて、「そんな中でも私を立派に生み育ててくれた」と両親に感謝の気持ちが深まるものである。

しかし、心の傷が深い場合には、大人になってもその傷が癒されず、自己愛に陥《おちい》り、他人を攻撃したり、引きこもったり、犯罪に走ったりしやすい。社会的成熟が止まってしまうのである。

◉基本的信頼感を回復する

何らかの理由で両親の愛を十分に感じることができなかった人は、これをどのように回復したらよいのだろうか。「三つ子の魂百まで」といえども、人はいくらでも変わることができるというのもまた真実である。

「両親が離婚して、新しく来た母と馴染《なじ》めなかった」「父は大借金をして家が破産したために貧乏になり高校もろくろく行くことができなかった」「父はいつも厳しかった。私だけでなく母が殴られたことも度々で、母が泣いている姿が今でも焼き付いている」など、両親から愛されなかったという思いが強く残っている人は、恨み心や寂しさから素直な心が育まれ難い。

しかし、大人になったら大人の目で客観的に、両親の行動の背景や両親の思いを考えてみる知恵を持たなければいけない。それが大人になった証拠でもある。すなわち、両親がなぜ自分に冷たくあたったのか、なぜ父親は自分に厳しかったのか、なぜ両親が離婚するようになったのか、その事実が理解できれば両親の行動が理解でき、両親を許すことができるようになる。またその両親に反発していた自分を反省することができる。反省が深まるとお詫びの心が生まれ両親の愛に感謝できるようになる。このように人を許し、人の恩に感謝する心が高まるにつれて自分の心は自利から利他に向かうのである。

家系分析では、両親・先祖の生きざまやその背景を関係者（両親、祖父母、親戚、知人など）から聞くことにより理解を深めていく。しかし、両親など自分との関係が近い人たちのことであれば、家系図を書いたりせずとも親心に触れることで基本的信頼感は回復できる。このことを学習塾経営者の安藤さんのケースでみてみよう。

◉心のコブを取り除く

三重県伊勢市を中心に二十近い校舎を有し、小学生から高校生まで千六百人が通う安藤塾は、一九九一年に八畳一間からはじめて生徒が四百人になるまで、塾長の安藤大作さんが一人で教えてきた。子供たちから圧倒的な人気を得ている秘密は、子供たち一人ひとりに真剣に向き合ってきたこと。そして勉強を教える以上に、生徒本人の幸せを一番に考え、人間的な成長をサポートしてきたことにある。親御さん以上に子供のことを理解してしまう特技に生徒はたちまちファンになってしまう。子供の心を正しく捉える、そのコツは安藤さん自身の体験に根ざしているという。

安藤さんは幼少時に両親が離婚、父親の再婚相手に馴染めずに母親の元に送り返されるが、その実母も九歳の時に安藤さんと妹の二人を伊勢に置いて東京に出てしまう。その後、母の知人である二人の女性に養育されるものの、実母と別れた寂しさや養母への気兼ね、肩身の狭さ、惨《みじ》めさ、温かい家庭を持つ人を羨《うらや》む気持ちを紛《まぎ》らわせるために、子供の頃からアルバイトをするなど目立とう目立とうと頑張ってきた。

しかし、就職に失敗したことをきっかけに安藤さんは自己喪失に陥ってしまう。死を決意し嵐の中をさまようが何としても死にきれず、ずぶ濡れになってアパートに戻った安藤さんは部屋にあった真っ白なノートに自分の思いを書きなぐっていった。そしてついに自分を置いて東京に出て行った実母に会おうと決心する。

「とにかく今すぐに僕のアパートにきてほしい！」

翌日駆け付けた母に安藤さんは涙ながらに訴えた。

「僕は寂しかった。……惨めだった……お母さんの悪口は聞きたくなかった……バカにされたくなかった……だから僕は頑張った……辛かった……」。

母は「ごめんね、ごめんね」と繰り返しながらいつまでも泣いていた。

一晩中語り明かして明け方になった頃に、母の辛さや弱さが分かってきたという。母親自身も片親で育ち、寂しさを紛らわせるかのように音楽にはまったこと。離婚した後は、我が子に寂しい思いをさせるのを覚悟で音楽の夢を求めて東京に出てきたことも分かった。「僕は母の泣く姿を見ながら〝受け入れられた〟〝深く愛されている〟という安堵感に包まれていました。母を松本の駅に送り、アパートに帰る時の清々しさといったら半端ではなかったですね。僕が心の縛りから解放されたのは、この時からです」(『欠けた心の磨き方』フォレスト出版)と安藤さんは書いている。

安藤さんは母親に愛されていたのに、自分は「愛されていない」と誤解してきた。「自分の心には大きな穴があいている」と思ってきた。その傷穴を埋めようと思って、いい子を演じ続けてきた。目立とうと演じてきた。しかし、本当は愛されていたことに気づいた。自分の心は欠けていなかった、真ん丸の心だったのだ。それなのに傷穴を埋めようと自分を演じてきた、その行為が余計なコブとなってしまった。そのコブを取り除くことによって、本当の自分が見えてきたのだという。

誰でもそんな心のコブを持っている。塾に通ってくる子供たちもみんな持っている。安藤さんは自分の体験から子供が抱えている心のコブがよく分かるようになった。そこを子供に気づかせて、元々の丸い心に戻すサポートをしてあげる。すると丸い心を取り戻した子供たちはすくすくと伸びていくということなのだ。

◉兄弟でも性質が違う理由

心の形成は両親はじめ幼少時における環境や教育や体験が大きく影響することはたびたび述べてきたが、同じ両親から生まれ育った兄弟でも性格に違いがあるのは、生まれた時の両親の心の状況や夫婦の微妙な関係が影響しているからと推測できる。

私の場合もそうだった。私は七人兄弟の六番目であるが、特に弟と比較されることが多かった。子供の頃の私は成績が悪くいつもボーッとしていたが、弟は頭の回転が速く性格は神経質なところがあった。このことを母は、私たちが母のお腹の中にいる時の環境の違いだといっていた。

私は昭和十七年二月、弟は二十年一月生まれ。二人とも第二次世界大戦の真っただ中であったが、私が母のお腹にいた頃の日本は連戦連勝で沸《わ》いており国内は平穏であった。しかし、弟が生まれた二十年は敗戦の年。しかも一月の東京は毎日のように空襲があり、母は幼い子供たちを連れて疎開したり戦火の中を逃げ回った。

弟を身ごもっていた母は「お腹の子がいなければもう少し楽なんだけど」と何度も思ったという。大きなお腹で小さな子供たちの手を引いて戦火を逃れながらの生活がとても苦痛だったのだろう。弟が中学に入って家に引きこもるようになり、両親とも口を利かなくなったのは、戦時中にお腹の子を邪魔に思ったことが原因に違いないと、母はいつも涙をこぼして詫びていた。

自分の性格や行動に影響を与えるのは幼少時だけでなく大人になってからの体験や

環境の影響も少なくない。とりわけ戦争体験や結婚を境に大きく変わったという人は多い。人間の設計図であるＤＮＡは一生変わらないといわれていたが、最近の研究によると心や意識によって書き換えられるし、脳細胞の配線も変わっていくという。それらはみな自分の性格に影響を与えていく。遺伝子や環境因子が人間性を支配しているのである。

４　人間性の高め方

◉人間の成熟に必要な心の栄養

人間の肉体は加齢とともに成長していくが、心の成長は必ずしも年齢に比例しない。新聞の社会面を賑《にぎ》わせる事件は、加害者たちの歪《ゆが》んだ人間性に起因しているケースがほとんどだ。社会的成熟度の低さが社会問題を生み出しているのである。

成人しても成熟度が高まらない原因の一つは、これまで述べてきたように基本的信頼感が獲得できていない場合である。しかし、基本的信頼感が獲得されていても社会的成熟度が高まらない人も少なくない。何ひとつ不自由なく育てられたにもかかわら

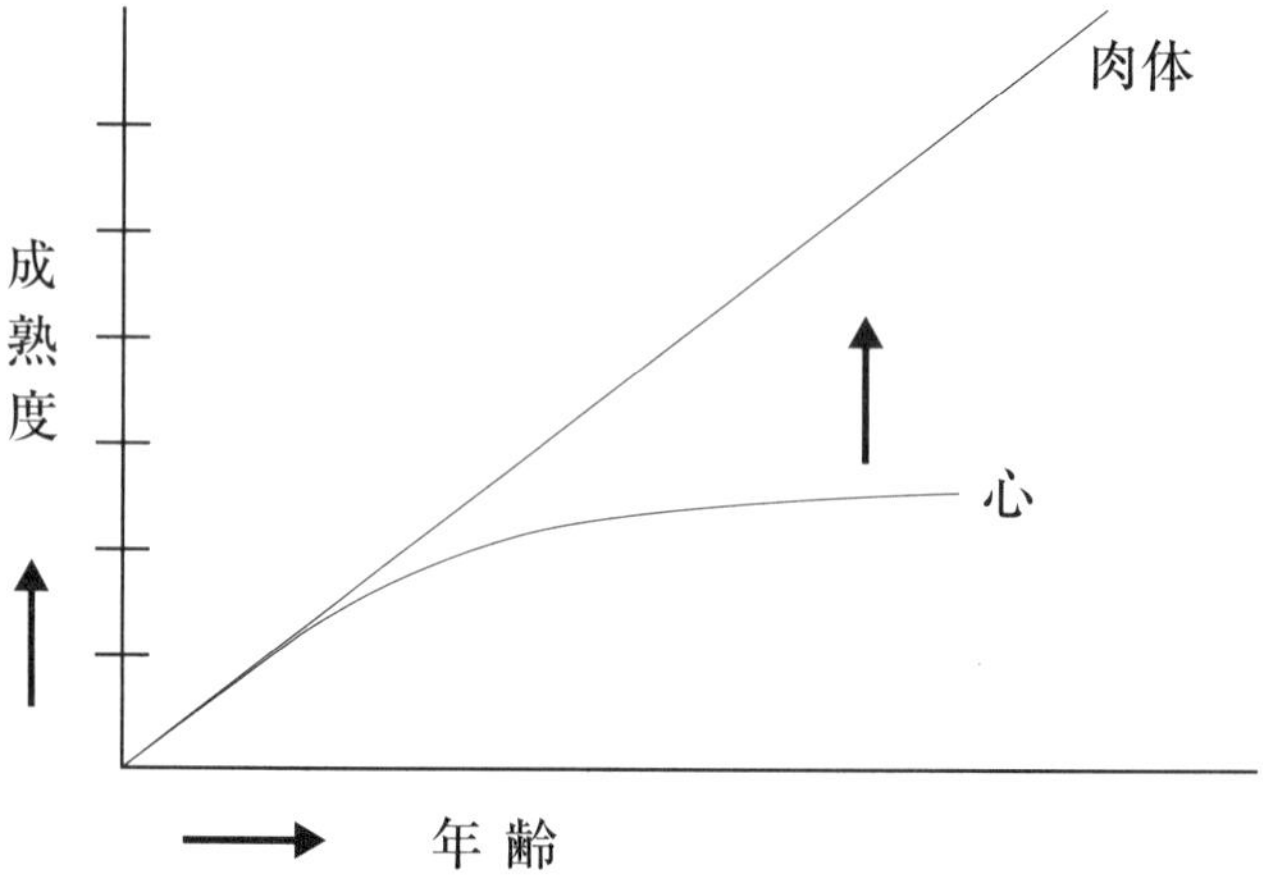

ず過度に甘やかされて育ったために依存心が抜けず、自分の気に入らないことに我慢ができないという人もいる。

上の図は横軸に年齢、縦軸に成熟度をとって、加齢による成熟度を肉体と心に分けて示したものである。原点から右上に直線で伸びているのは「肉体」の線。肉体は年齢とともに確実に成熟していく。こう書くと、「いや、肉体は二十五歳を過ぎるともう伸びない」という人がいるが、それは違う。確かに二十五歳を過ぎれば身長は伸びないかもしれない。しかし、加齢とともに体力は確実に衰え白髪や皺《しわ》が増えていく。これらはみな成熟のゆえである。

これに対して心はどうだろうか？　八十歳、九十歳になっても心の若さを保ち成長している人も大勢いるが、歳をとっても他人の成功を羨《うらや》む、妬む、人に突っかかるという大人げない人も少なくない。成人しても依存心がいつまでも抜けない、怠け癖がついてまじめに働かない、仕事で失敗した責任を他に転嫁《てんか》する、失敗を隠す、仲間の足を引っ張る人たちはどこにでもいる。なぜ、肉体は年齢とともに成熟するのに、心の成熟は途中で止まってしまう人が多いのだろうか。

それは、人間は毎日、肉体に栄養を与えないと生きていけないが、心には栄養をやらなくとも死ぬことはないからだ。それ故、心に栄養をやらない人がいっぱいいる。こうした人ほど心が栄養失調で問題を起こしやすいといえるだろう。

考えてみよう。私たちはいったい、どれほど心に栄養をやっているだろうか？　毎日三食、食べることは忘れないが、心を充実させることを忘れてはいないだろうか。心は意識しないと成長していかない。これは肉体との大きな違いである。毎日、心に栄養をやることを心がけたいものである。

◉他を責めているうちは幸せになれない

「自分は親のせいでこんな人間になってしまった」「自分は誰々のせいで不幸になっ

た」と他を責めている人は幸せになれない。それは「幸せになれない」「不幸である」ことの理由づけをしているからだという。もし幸せになったら自分のこれまでの意識を否定することになり、それは「自分の負け」だから、どうしても不幸であり続ける必要がある。だから幸せ感を持てないのだというのである。

こうした人は、なぜ相手が自分に対してそのように接してきたのか、その理由を考えてみる必要がある。なぜ親が厳しかったのか、なぜ上司が自分を叱り続けたのか、その背景を冷静に考えてみると、自分に対する期待や願いが見えてくる。すると、自分の思慮が足りなかったことに思い至り、他を責めていた自分を乗り越えることができる。

また、自分の周りに起こることはすべて「必要、必然」と考えて前向きに取り組むことも大切である。表面的な理由はどうあれ、起こったことは自分に原因があったから、また、自分にとって必要だから起こったと考え、肯定的に受け止めることである。親の厳しさや上司の叱責を恨むのではなく感謝してみる。すると、そう思えるようになるのである。

しかし、最初から感謝という気持ちになれないこともあろう。そこで、感謝できなくとも、少なくとも悪意を持たないことである。事実を事実として認め、「両親は自分のためを思って厳しく育ててくれた」「上司は自分を一人前のプロとして育てるために叱ってくれた」と客観的に受け止めることからはじめよう。必ず自分の心が変わってくるに違いない。

◉親孝行は人間性向上の一番の近道

人間性を高める最も身近な方法に親孝行がある。その証拠に、親孝行を社員に勧めている会社が少なからずある。こうした会社が親孝行を奨励《しょうれい》するのは、両親の恩情に触れる機会を増やすことが人間力向上につながることを経験的に知っているからであろう。

多くの老舗の家訓には親孝行が取り入れられている。近年では東日本ハウスの「親孝行は業務命令」として全社員に勧めたのが親孝行ブームのきっかけを作ったように記憶している。

東日本ハウスは「親の喜びを我が喜びとする心が顧客満足の原点」として、毎年四月を「親孝行月間」とし、全社を挙げて親孝行を実施していた。新入社員は初めての親孝行なので会社できちんと教える。本人も正座、両親にも正座してもらい、「二十年間育てていただいてありがとうございました」「社会人となって初めて給与をいただきました」「ささやかながら、第一回目の親孝行の形として○○をプレゼントさせていただきます」「今後とも親孝行をしますので、よろしくお願いいたします」と四つの挨拶をしてもらうと中村功会長（当時）から教えていただいた。

また、ゴキブリキャップというゴキブリ駆除剤でトップを走っている㈱タニサケでは、毎年一回、一万円の親孝行手当を支給し、社員に感想文を書いてもらって親孝行の成果を確認し合っている。

こうした会社が増えていることは喜ばしい限りである。しかし反面で、そこまでしないと親に孝行しないという時代になっているのがちょっと寂しい気がする。

◉人間として生まれた奇跡のような確率

たとえ両親が自分にとってやさしくない、怖い父母であったとしても、産んでいただいたことは最高の感謝に値する。それは、そもそも人間として生まれるのは稀有なことだからである。

ダーウィンの進化論に対して「中立的進化論」を唱えた世界的な集団遺伝学者である木村資生《もとお》博士は、「人間の細胞の一個として生まれる確率は、一億円の宝くじに百万回連続で当たったのと同じくらいすごいことだ」といわれている。

人間として生まれることがいかに稀《まれ》なことであるか、仏教経典には次のように書いてあるという。大海の底に一匹の盲亀《もうき》、すなわち目の不自由な亀がいて百年に一度、海上に浮かび上がる。その海には、たまたま一本の浮木《ふぼく》が流れていて、浮木の真ん中に一つの穴があいている。盲亀が百年に一度浮かび上がった際に、その浮木の穴へちょうど頭を突っ込む。人間として生まれることはそれほど稀なことだというのである。何と、二千五百年前のお釈迦様の言葉が世界的遺伝学者の研究とほぼ同じ結果であることに驚くばかりである。

このことをお釈迦様は「人身受け難し」といわれた。多くの生きとし生けるものの中で人として生まれるのは最も難しいのだと。その上でお釈迦様の言葉は「人身受け難し、今已《すで》に受く」と続く。「そんな難しいところへ、すでに生まれてしまっている」というのだ。何と有り難いことではないか。ちなみに「ありがとう」の言葉は「有り難い＝有り得ない」ことが起こったことから「有り難う」に変化してきたという。「ありがとう」はもともと産んでいただいたことへの感謝の言葉だったのである。

◉生まれたからこそ悲しみもある

先に触れた助産師の内田美智子さんは、「思春期に躓《つまず》いた子供たちと話していると〝お袋には何もしてもらっていない〟〝産んでくれと頼んだ覚えはない〟という子がいます。だから私はいうんです。〝お母さんは命がけで産んだんだよ。中絶もせんかったんだよ。だけど子育てはね、上手にできんかったの。それは悔しいかもしれんけどね、産んでもらったことだけは感謝しい。生まれるってことはすごいことなんだよ〟と諭す」という。生きていれば苦しいことも辛いこともあるかもしれないが、生まれてこなかったら何もないのだということを伝えるのである。

先の木村資生博士は「サバイバル・オブ・ザ・ラッキエスト」という学説を唱えておられる。これはダーウィン流の適者生存ではなく、「運のいいものが生き残る」という生物進化の新しい原理である。人間として生まれた私たちは何と運がよかったのであろうか。生まれなかったら何もないのである。

◉良い因子を認め感謝する

古来、人間性を高めるために先人はさまざまな努力を重ねてきた。とりわけ読書はその代表格といえる。書物を読むことで自分の体験できないようなさまざまな人生を知り、それを自分の生活に生かすことができる。『論語』をはじめとする中国の古典には二千五百年以上の英知が詰まっていることから古典の教えを座右の銘としている人も多い。修行僧たちの座禅、滝行《たきぎょう》、千日回峰行《せんにちかいほうぎょう》などはみな、魂を磨き人間性を高めることを目的の一つとしている。さまざまな宗教や修養会もある。経営者の学びの勉強会の中には稲盛和夫氏が率いる盛和塾など、経営の心を磨き合う会も少なくない。

こうした中で家系分析は自分自身の遺伝子に刻まれた代々の情報や環境因子を人間性向上の手掛かりにする。

誰もが良い因子を持っている半面で悪い因子も持っており、その因子は「因果の道理」という言葉が示すように原因があるから結果として現れる。良い因子も悪い因子も自分に現れてくる可能性があるということ。したがって、人間性を高めるには、まず、良い因子を素直に認め、自分の長所は先祖からいただいていると感謝して受けることが大切なのである。

◉悪い因子は縁づけないようにする

　良い因子は感謝して受け継ぐ努力をすればいいが、問題は悪い因子をどうするかである。そこで大事なことが「縁」の存在である。

　下図のように、種という因があるから結果として花が咲く。しかし、いくら種があっても水、太陽の熱と光、栄養がなければ花は咲かない。すなわち、因が果を生むには縁が必要なのである。そこで、もし自分の遺伝子や環境因子に悪いものがあったら縁をつけないようにすればよい。そうすれば悪い結果が出ることはない。

　例えば先祖の多くが酒飲みで、酒のための失敗が多かったとしよう。すると、自分もそうなる可能性がある。しかしその問題に気づけば、自分は酒を飲まないように注意すればよい。自分の努力で出来そうになければ、禁酒会に入って酒を止める。すなわち酒という縁を絶ってしまえばよい。縁を近づけなければ、たとえ先祖に悪い因子があってもそれを抑えることができるのである。

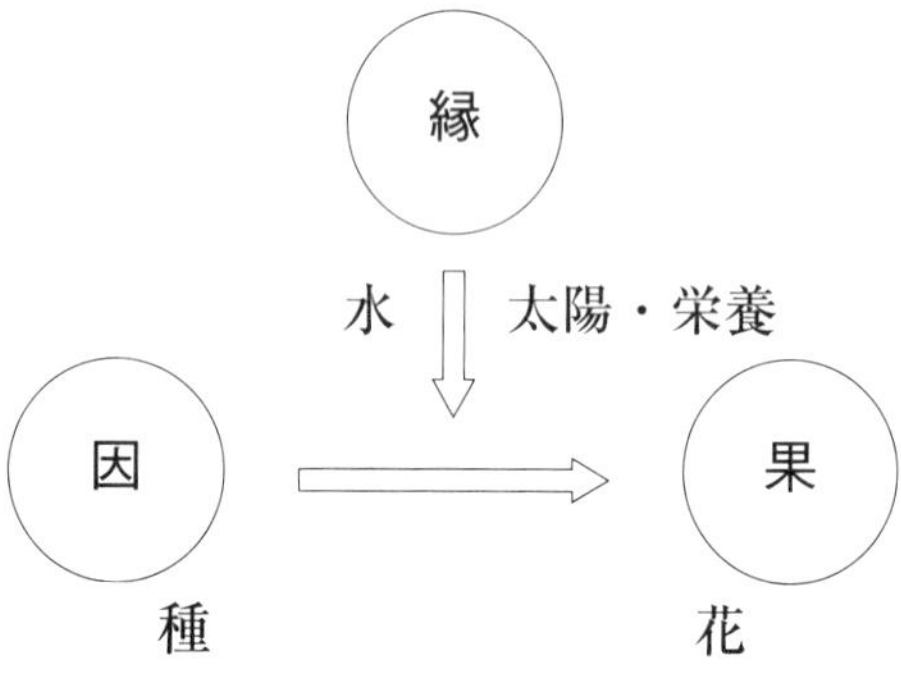

また、悪い因子のために先祖が苦労されたことが分かれば、その苦しみや悲しみを思いやり慰霊することも大切である。

以上をまとめると、人間性を高める方法を家系分析の観点からいえば次の二つとなる。

Ａ：良い因子は讃える、顕彰する、感謝する。
悪い因子はそのことによって苦しまれた先祖を思いやる、慰霊する。

Ｂ：良い因子は縁を深めて受け継ぐ努力をする。
悪い因子は縁を近づけないようにして抑制の努力をする。

５　内観体験から分かってきたこと

◉仏教の修行法だった内観

家系図を書かなくとも身近な父や母に対しては親心に触れることで人の心は変わる、と先に述べた。それを私は自ら体験している。

私は、コンサルティングしていた会社社長の勧めで、三十年ほど前に奈良県大和郡山市にある内観《ないかん》研修に参加した経験がある。

「内観」はもともと一人で山中に座して飲まず食わず一週間から十日間ほど、ただひたすら自分の過去を内観することによって悟りを得る修行法だった。それを在家《ざいけ》信者であった故吉本伊信《いしん》氏が自分の実践体験をもとに、誰でも簡単にできる方法に改良したもので、現在では日本国内に十数か所の研修道場がある。

内観の方法は、十畳ほどの部屋の四隅にそれぞれ屏風《びょうぶ》を立てて、その中に一人ひとり座る（図）。そして朝六時から夜の九時まで座って内観する。座るのは正座でも〝あぐら〟でもいいが、横になったり立ったりすることは許されない。屏風から外に出ることができるのはトイレと風呂だけ。食事もこの屏風の中で食べる。これを日曜日から翌週の日曜日まで一週間から十日間続ける。

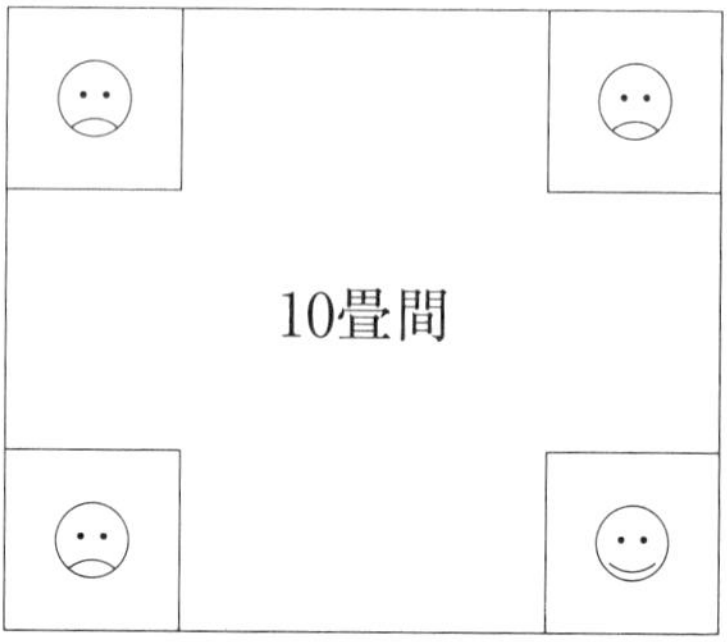

◉懺悔の心が噴き出る

内観は「自分の内を見つめること」であるが、具体的には、①してもらったこと、

②して返したこと、③迷惑をかけたこと、の三つを自分の成長段階を追って思い出すだけだ。
まず「自分が小学校低学年の時に母にしてもらったこと、して返したこと、迷惑をかけたこと」を二時間内観する。二時間経過すると、先生（私の時は吉本先生の奥様だった）が来られ、屛風を開いてご対面。二時間内観したことを報告する。報告は二、三分で済んでしまう。

これが終わると、次は「自分が小学校高学年の時に母にしてもらったこと、して返したこと、迷惑をかけたこと」を内観する。二時間経過すると先生が来られて報告する。続いて「中学生の時……」「高校生の時……」と数年おきに区切って、母親が亡くなる時までを内観する。母親についての内観が一通り終えると次は父親について、同じように小学校低学年から父親が亡くなるまでを内観。次の配偶者についての内観を終えると、配偶者の母、配偶者の父と続く。これが終わると、再び、自分の母親に戻って内観する。

このように一週間、内観を終えると、心が驚くほどすっきりする。「してもらったこと」が山ほどあるのに、「して返したこと」はほとんど思い出せない。そして「迷惑をかけたこと」が山ほどあることに気づかされる。懺悔の心でいっぱいになる。親心に触れて懺悔する心が自分の汚れを取り去ってくれるのである。まさに心の底から洗われた感じである。

私は内観の一週間、昔のさまざまなできごとを思い出した。小学校低学年の時の遠足には母が必ず私の好物であるゆで卵を持たせてくれたこと、お昼にはゆで卵の殻がぐずぐずに割れていたことを昨日のことのように思い出した。病弱だったために遠足の前日に熱を出して行けなかった時に、また、遠足で漆《うるし》の木にかぶれて湿疹《しっしん》と熱が出た時にも学校の先生がお見舞いに来てくれたことなど、普段は思い出さないようなことがたくさん思い出された。

◉涙で心が洗われる

今でも慚愧《ざんき》に堪えないのは低学年のある日、下校時に猛烈な雨が降ってきて、傘を持っていない私たち生徒は途方に暮れた。友達のほとんどは家族が学校に傘を持って迎えにきてくれる。だけど、私の母はいつまで待っても来てくれない。いらいらしながら下駄箱の前で待っていると母が走って校門を入ってくるのが見えた。

母が息せき切って私の前まで来るや否《いな》や、私は母が渡してくれようとした傘を振り払い、母を学校に取り残し一人、雨の中を走って家に帰った。無性に涙が流れたことを思い出した。当時、私の両親は商店街で魚屋を営んでおり、雨が降ったからといってすぐに迎えに来れる状況ではなかったことに私は気づいていなかったのだ。内観をしながら申し訳なさいっぱいで涙がとめどなく流れた。

私の妻が第二子を流産した時のことを思い出したのも強烈な印象として残っている。第4章で詳しく述べるが、私たちの第一子は未熟児で生まれ、二番目は流産した。その原因が、私の父親と妻の間の確執《かくしつ》にあることは分かりすぎるほど分かっていた。そのことは妻の両親も分かっていたはずである。

しかし、私たちが妻の実家に行くと、妻の両親はいつも「天明さんのお父さんは働き者だね」「天明さんのお母さんはやさしいね」と褒《ほ》め言葉しかいわない。それをいいことに私は、妻が私の父との間で悩んでいることを一言もいわず通り一遍の挨拶で過ごしてきた。内観をしていた時、この時のことを思い出して愕然《がくぜん》とした。妻の両親は妻が悩んでいることをどんなに私にいいたかったろうか。どんなに私を責めたかったろうか。でも、口をついて出てくる言葉はいつも天明の両親の褒め言葉ばかり。なぜ自分は妻の両親に向かい合ってはっきりそのことがいえなかったのだろうと申し訳なくて涙がほとばしり出た。帰ったらまず妻にお詫びしよう、妻の両親にお詫びしようと心に誓った。

◉心が変わると体も変わる

一週間の内観を終えて心がスッキリしただけでなく体がものすごく軽くなった。昔から腰痛持ちで肩こりもひどかったので内観をはじめた一日目、二日目は腰も肩も痛くなり、まったく所在がなかった。それが四日目あたりから気にならなくなり、終わった時は痛みがすっかり消えていた。全身の細胞がすべて新品に置き換わったような感じだった。心が変わると体がこれほどまでに楽になるとは信じられないほどだった。

人間の脳は過去の記憶が詰まっているハードディスクのようなもので、内観で過去を遡ると次々に昔のことが思い出される。未生以前の記憶がよみがえったという人もいると聞くが、私の場合には未生以前は思い出せなかった。

先にも述べたように、内観はまず母親の内観からはじまり、父、自分の配偶者、配偶者の母、配偶者の父と続けていく。祖父母も自分の記憶にあれば内観する。しかし、曾祖父母など自分の記憶にない人について内観をするのは難しい。

これに対して家系分析では、生前に接触のなかった先祖にも家系調査を通じて生きざまに触れ、自分の生き方に生かすことができる。その点では、より取り組みやすいといえる。そこで次章から、いよいよ本書の中心テーマである家系分析に話を進めることにしよう。

第2章

〝いのち〟を遡る

―家系図は幸せ情報の見える化―

1　家系とは何か

◉家制度と家系

戦前の日本は「家」が家族制度の中心に置かれていた。いわゆる「家父長制《かふちょうせい》」といわれるもので、代々、長男が家を継ぐ定めとされ、次男以降は分家するしきたりであった。本家に対する分家の序列も明確であり、家が絶える、いわゆる「絶家」は先祖に対して最も申し訳ないこととされ、子がいない場合には養子を迎えるなどして家を継承してきた。このように、どこの家でも家系を大事にしてきたのである。それゆえ、旧家では古くからの家系図が残っている家が少なくない。

戦後、民法が改正され家制度は廃止された。生活様式の洋風化、とりわけ核家族化が進み祖父母はおろか両親とも別居する傾向が高まり、先祖への関心も少なくなってきた。家系への関心も家系図を作る家も減った。

しかし、家制度は廃止されても家系図や家系の意義はいささかも衰えてはいない。家の由緒《ゆいしょ》の正しさや家の序列を云々《うんぬん》する従前《じゅうぜん》の目的とは違って、自分の〝いのち〟

に秘められた使命を自覚し、先祖の良きものを継承するという意味合いで重要性が増しているといえる。

ところで、今、家系図が静かなブームになっているという。家系図を専門に作る業者も多くあり、パソコン用の家系図ソフトも発売されている。東日本大震災などの影響もあり家族の絆が改めて見直されていることが背景にあるのであろう。大変喜ばしいことだ。

◉家系とは〝いのち〟の流れ

辞典で「家系」を調べると「家の系譜《けいふ》」「血統」「血筋」とある。自分の両親、祖父母、曾祖父母と続く家の系譜を「家系」というのである。それは自分の〝いのち〟の系譜でもある。

人間に限らず生き物の生命は有限だから、いずれ死を迎えて生命を終える。これを植物でいえば、種から芽が出て、花が咲き、実がなって、枯れる。枯れるのは死だが、花や実の中に自分のすべての情報を遺伝子として刻み込んだ種を残す。翌年、種は再び芽を出し、花を咲かせる。すなわち種は死んでいないのだ。種はすべての生命情報とともに生命を次代に引き継いでいる。一つの生命は終わっても、その生命は次の生命に引き継がれていくのである。

人間も同じである。親の生命はいったん終われども、その遺伝子は次世代となる子供に引き継がれる。さらに孫、ひ孫に連綿《れんめん》として生命が受け継がれる。この連続している生命を本書では〝いのち〟と表現することとした。生命は有限だけど〝いのち〟は連続して止むことがない。この〝いのち〟の流れが家系に他ならない。

◉〝いのち〟は幸せ情報が詰まったハードディスク

本書の「はじめに」にも述べたが、家系を〝いのち〟の流れと捉えると、〝いのち〟は幸せ情報のハードディスクといえる。それは宇宙にクラウド保存してあり、火災があっても津波が来ても消えてなくなることがない。そして、このハードディスクの一部を取り出して作成した家系図は先祖が蓄積した〝幸せ情報の見える化〟といってよいであろう。

こう考えると、家系図は単に先祖の名前を記した記録という単純なものではなくなる。それは宇宙の分身としての自分が先祖から連綿として受け継いだ生きざまの集積であり、人生情報のすべてといってよい。しかも子供や孫の幸せを願わない親はいないから、先祖から受け継いだ遺伝子や環境因子の中には子や孫に対する「願い」や「期待」や「教え」がぎっしり詰まっている。

一説によると大脳には地球誕生以来の情報が蓄積されているという。先の内観もそうだが、修行を積んだ人の中にはこのハードディスクにアクセスして過去世の自分を思い出す人がいるというから驚きだ。私を含めて普通の人にはとてもそんな芸当はできないが、家系図をひも解《と》いていけば親・祖先の願いを推測することができるのである。これを丁寧にひも解き、これに応える努力をしていけば、親・祖先の願いや期待や教えが分かってくる。それに沿って生きることで眠っていた自分の可能性が発揮され、人生が充実してくる。また、先祖が苦しんだ失敗を軽減することができる。この意味で家系図は幸せ情報の宝庫といってよい。

◉家系の諺から

昔の諺に「名家三代続かず」とある。何代も続いて栄えることは稀で三代目が家を傾かせることが多いことから、三代目が堅実にやれば家が栄えることをいう。同じような諺に「売り家と唐様《からよう》で書く三代目」「長者三代《ちょうじゃさんだい》」「長者二代なし」「長者の後は芋畑」などがある。私は恩師から「三代続けば家は栄える」と口癖のように教えていただいた。

「続く」「栄える」のは人のお役に立っている証拠である。仮に環境が悪くとも「この家がなくては困る」という状況であれば、周りが潰《つぶ》れないように支えてくれるに違いない。

反対に、「三代目で潰れる」のは先祖の徳を食い潰すからだ。名家がそう簡単に潰れることはないが、放蕩《ほうとう》を重ねれば名家といえども続かない。徳を蓄えるには時間がかかる反面、使う分にはあっという間だからちょっとの油断が大敵である。

また、「名家の盲点」ともいうべきことがある。それは名家ゆえにマイナス面は表に出さずに隠してしまうことがあることだ。例えば、名家に嫁や養子に入った人が、名家ゆえに馴染むことができず、すぐに家を出されるというような場合、もともと嫁にあるいは養子に入ったという記録や記憶を消してしまうことで名家の体面《たいめん》を保とうとする。「山高ければ谷深し」という格言のように、名家に隠された悲しみや苦しみが多いのも一面の事実である。

◉老舗の家訓にみる永続の秘訣

京都府が京都で百年以上続いている老舗を調べ、先人たちの経営理念を現代の経営の参考にしようという趣旨で編纂《へんさん》した『老舗と家訓』には京都の老舗の家訓が載っている。これら老舗に共通する要因を元立命館大学の足立政夫教授が以下の十五に分類している。

「家名継承」「祖先崇拝と信仰」「孝道」「養生」「正直」「精勤」「堪忍」「知足」「分限」「倹約」「遵法」「用心」「陰徳」「和合」「店則」。

見てのとおり、第一に掲げられたのは「家名継承」であり、以下「祖先崇拝と信仰」「孝道」と続く。長く続く企業はみな、「家を継ぐ」「先祖を祀《まつ》る」「親孝行」の三つを実行しているということが分かる。日本には二百年以上続いている会社が三千社、五百年以上続いてきた会社が百二十四社、千年以上続いている会社が十九社あるという。長寿企業の多さは世界の中でも群を抜いているというが、この背景には上記三つがしっかりと根づいていることが推測される。

例えば「祖先崇拝と信仰」では先の『老舗と家訓』に一六六一年創業の京漆器《きょうしっき》の老舗、㈱象彦が紹介されている。この中の「亭主の心得」には、「夫《それ》、家を起すも、崩すも、皆子孫の心得斗なり。亭主たる者、其家《そのいえ》の名跡、財宝自身の物と思ふべからず。先祖より支配役を預り居ると存じ、名跡をけがさぬやふ子孫へ教え、先格を能《よ》く守り勤め、以仁義《じんぎをもって》人を召仕ひ、壹軒にても、別家の出来るを先祖江の孝と思ひ、時来り、代を譲り、隠居いたすとも、栄耀成《なる》くらしは大いに誤なり」とある。すなわち、家業存続、子孫繁栄は先祖のおかげであると考え、家業は先祖代々の遺業として、亭主はその支配役を仰《おお》せ付けられているのだという。事業を継承するというよりは、先祖より預かっているのであり、その事業を発展させることが先祖に対する報恩、孝行だというのである。

また、興味深いことに「妻たる者の心得」も記されている。その冒頭で「第一に家相続を大切に思い、身持ちを堅くして……」と家の継承を強調している。老舗は夫婦が力を合わせて家と家業を守り抜いてきたことが分かる。

２　家系を遡ると人間力が高まる

◉〝いのち〟を遡る家系分析

家系分析とは自分の両親、祖父母、曾祖父母など、〝いのち〟を遡って調べ、これを家系図としてまとめる。そして、家系図に載っている親・祖先の生きざまを調べ、親・祖先の喜びや悲しみを理解するとともに、自分に継承されている長所・短所をしっかりと自覚することである。

大事なことは「家系図」を書いて終わりではないということ。家系図に載っている一人ひとりの生きざまを調べて、〝いのち〟に流れる良いところ（すなわち「徳」）、先祖が苦しみ悲しんだこと（すなわち「不徳」）を発見することが大切なのである。そして徳は顕彰して受け継ぐ努力をするとともに、不徳については慰霊し、併せて自分たちが受け継がない努力をする。

このように先祖の生きざまを自分の生き方に生かすことが家系分析の中心テーマである。その意味で、家系図を書くことはスタート地点と考えたい。

家系図の作成代行業もあるが、戸籍謄本《とうほん》を取り寄せて家系図をまとめるところまでなら外部に依頼してもいいかもしれない。しかし、家系分析の目的は自分の生き方に生かすことなので、業者に頼らず自分自身の足と手を使って行うのがよい。

◉家系分析は自分の品種改良

家系分析を作物に例えてみると品種改良に似ている。

農業の世界では動物でも植物でも品種改良をして商品価値を高める。人間以外の動物や植物は多少の環境変化なら適応していける環境適応力を持っているが、劇的に自らの品質や能力を高める知恵を持たないために人間が手を加えるのだ。果樹などで大きな実を適量につけるために行う剪定《せんてい》や摘果《てきか》は品種改良ではないが、能力開発の一つといっていい。

では人間はどうやって品種改良をしているのだろうか。その一つが結婚である。自分の能力を棚卸《たなおろし》して、自分は貧乏だから金持ちの娘をもらって玉の輿《こし》に乗ろう、自分は頭が悪いから頭の良い嫁を迎えて優秀な子供に育てようなどと考える。しかし、結婚は相手があることだから必ずしも目論見《もくろみ》どおりにはいかない。

これに対して家系分析は自分一人でできる。家系分析で自らの価値を知ることは、他人や社会にとっての役立ちという意味で社会的価値を高めることにつながる。

◉家系自慢と卑下の誤解

自分の家系を偉そうに自慢する人がいる。また、自分の家系をひどく卑下《ひげ》し恥ずかしく思う人がいる。両者とも大きな誤解といわざるを得ない。

「我が家は源氏の流れを汲んでいる」「先祖が皇族・華族」だとか、「名士につながる」など、自分の家系を誇ることが家系を調べる目的では決してない。家系分析の目的は、親・祖先の生きざまを調べることをとおして自分を客観的に見つめ自己の成長に生かすことにある。

由緒ある家系であることは喜ばしいことではあるが、それを自慢のタネにするのではなく、良き因子が受け継がれていることに感謝を深め、先祖に恥じない生き方をするよう努力することが大切である。

反対に、先祖が水呑《みずの》み百姓だった、父がおらず母の手一つで育てられたので家系のことを口にするのが恥ずかしいなど、自分の家系を卑下する必要も全くない。親・祖先の中に争い、若死に、離婚などが多く、また仮に罪人がいたとしても、これを責めたり嘆《なげ》いたりするのではなく、こうした因子が自分の中にも受け継がれているという事実を受け入れること。その上で、先人の悲しみや苦しみを理解し、慰霊し、再び自分の代で繰り返すことのないように自己を律していくことが大切なのである。間違っても恨んではならない。先祖の苦しみや悲しみは共有し、慰霊するのが子孫の務めである。

◉親・祖先の長所を受け継ぐ

家系分析で一番大事なことは、先祖の徳を讃え、感謝し、受け継ぐ努力をすることである。

人は誰でも長所を持っている。頭脳が明晰《めいせき》な人もいれば感性が鋭い人、運動能力に長《た》けた人、他人に親切な人、努力家など長所はさまざまであり、それは「その人らしさ」というアイデンティティーになっている。

これらの長所は本人の努力による部分も大きいが、それ以上に遺伝子や環境因子として親・祖先から受け継いだものが少なくない。その証拠に歌舞伎や能など伝統的に世襲《せしゅう》制をとっている世界はもとより、政治家、タレント、スポーツ選手などにも親子揃って一流になっている人が多い。親の影響力やコネがあるのかもしれないが、それ以上に遺伝的に受け継いでいるものが大きいと思われる。このことは長年、家系分析に携わっているとよく分かることである。

「いや、自分に限って、そのようなことはない。百パーセント自分の努力です」と自慢する人がいるとしたら、その人はかなり高慢な人であろう。あるいは「努力する性格を親・祖先から受け継いでいる」ことに気づいていないのかもしれない。

大事なことは自分の長所が親・祖先から受け継がれていることを知って感謝を忘れないことである。「先祖にこんなすぐれた点があった」と気づき、例えそれが自分の能力として顕在《けんざい》化していなくとも「自分にも受け継がれているに違いない」と知れば、眠っている遺伝子にスイッチが入るのではないだろうか。また、人は感謝の念が深まるほど謙虚になる。先祖の徳に感謝し受け継ぐ努力をするほど長所に光が増すものである。

関西で自動車販売店を経営しているTさんは四代目社長として立派な経営をされているが、折あるごとに「会社の発展は初代のご苦労の上に、二代目、三代目が地元で信用を築いてくれたおかげさま」と口にされる。「自転車販売を始めた曾祖父、店を広げた祖父、そしてオートバイに転身した三代目である父が寝食を忘れて努力してくれたおかげで現在がある。自分は先代・先々代の遺産を食い潰しているだけ」と謙遜《けんそん》される。その人柄が周囲からの信頼を厚いものにしている。

◉短所もすべて受け入れる

誰にも長所がある反面、短所もある。頭が悪い、気が短い、人とぶつかる、何事も几帳面《きちょうめん》にできない、金銭にだらしないなど。これらは本人の問題でもあるが、やはり親・祖先から受け継がれていると考えるのが自然である。

両親、祖父母や自分の兄弟をみて自分と同じような性格の人が多ければ、自分はその影響を受けた可能性が高い。苦労している原因は先祖にあったと知れば先祖を恨みたくなるのが人情であるが、恨んでみたところで環境が変わるわけではない。大事なことは恨むのではなくて、その事実を客観的に受け入れた上で、親・祖先のご苦労を思いやることである。そうした性格や行動によって苦しめられた先祖は、せめて子・孫にはこのような性格や行動を受け継いでほしくないと願ったに違いない。まずはそのことを理解し、感謝を捧げたい。

そして、仮に親・祖先に問題があって、そうならざるを得なかった背景が分かり、「そうだったのか！」と理解できると、これまでの反発心や不信は反省・懺悔から感謝の心に転換する。そして親・祖先の生きざまの中に自分への願いや期待を発見することができる。この反省・懺悔・感謝・尊敬の心や使命感の自覚は、親・祖先から家族・職場・地域社会に広がり、社会人としての人間的成熟につながっていくのである。

◉親の借金は自分の借金

大手企業に勤めるHさんの父親はバブル時代の借金が多額に残っており、銀行への返済資金が足りず、たびたびHさんに借りに来る。それがHさんには腹立たしくてならなかった。しかし父に聞いてみると、不思議なことに父も祖父の借金の返済資金を出していたというのである（次頁図）。

Hさんの祖父は関西で鉄鋼《てっこう》問屋を経営していたが、倒産して裸同然で田舎に戻ってきた。父には数人の兄弟がいたが、父が長男だったことから祖父は父の元へ身を寄せた。しかし、借金の額は半端でなく、父は兄弟と相談して借金の返済資金を出し合っ

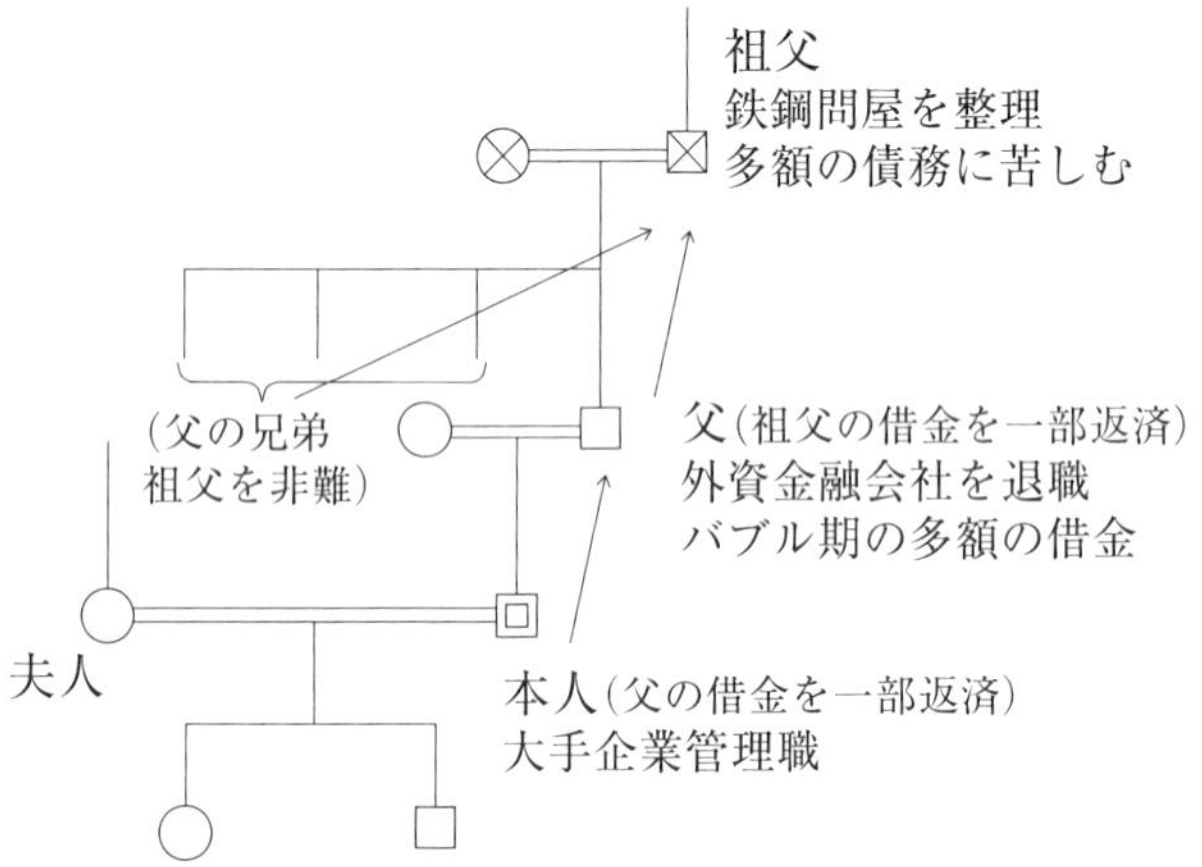

てきた。それがために父親の兄弟はみな、祖父を良く思わず、祖父は厄介者《やっかいもの》として嫌われていたという。

つまり、父は祖父と同じことを繰り返していたのである。ということは、このままいけば自分も父と同じことを繰り返して二人の子供に迷惑をかけるに違いない、とHさんは思うようになった。

Hさんは管理職に就《つ》いていることから収入はそれなりにある。預金や保有株式を処分すれば父親の借金は何とか返せる見通しがついた。担保に入っている父の土地は今でこそ相場が下がっているが、借金を返してしまえばいずれ自分の名義になる。経済的には割に合わないことではあるが、父の借金を一括返済してあげれば父はどんなにか安心するであろう。何としても父の借金は自分が肩代わりして返済し、父に楽になってほしいとHさんは決心した。

3 家系分析で遺伝子がスイッチ・オン

◉家系分析のすごい効用

家系分析の効果は多岐《たき》にわたる。自分がよく分かった、自分の使命がはっきりした、自分に自信が持てた、慢性病が不思議と治った、家族が幸せになった、会社の業績が向上したなど、さまざまの効用がある。さらに共時性（シンクロニシティー）が頻繁に起こるようになったという人もいれば運が良くなったという人も多い。

なぜ家系分析で人が変わるのか。それには三つの要因があるようだ。

第一は自分の心が変わるからである。自分の心が変われば人間関係も仕事もうまくいくようになる。「自分が変わればすべてが変わる」という言葉のとおりである。

第二には先祖が喜んでくれると思われるからである。これまで無関心できた先祖に関心を持って理解し、感謝の心を深め、さらに心から先祖を祀ることができれば、先祖は喜んでくれるに違いない。それによって家のエネルギーが高まったとしか思えないようなケースに私はたびたび遭遇してきた。

第三には大宇宙の生命とつながると思われるからである。村上和雄先生がいわれるようにサムシング・グレートが「親の親の、ずっと上の親のようなもの」であるとすれば、先祖を遡りサムシング・グレートにつながることで運がよくなったり共時性現象が頻繁に起きても不思議はない。

そこで、これら、「自分の心の変化」「先祖の喜び」「サムシング・グレートにつながる」という三つについてケースを交えて説明しよう。

◉親心に触れると心が変わる

Aさんは三歳の時に両親が離婚し、母は家を出た。そんな母をAさんは許せなかった。その後、Aさんはしばらく父親に育てられたが、やがて父親にも手が負えなくなって五歳の時に養子に出された（次頁図）。そんな父親を好きになれず、成人してからも父親とはほとんど交流を持たなかった。風の便りに母が別の男性と暮らしているとも聞いた。

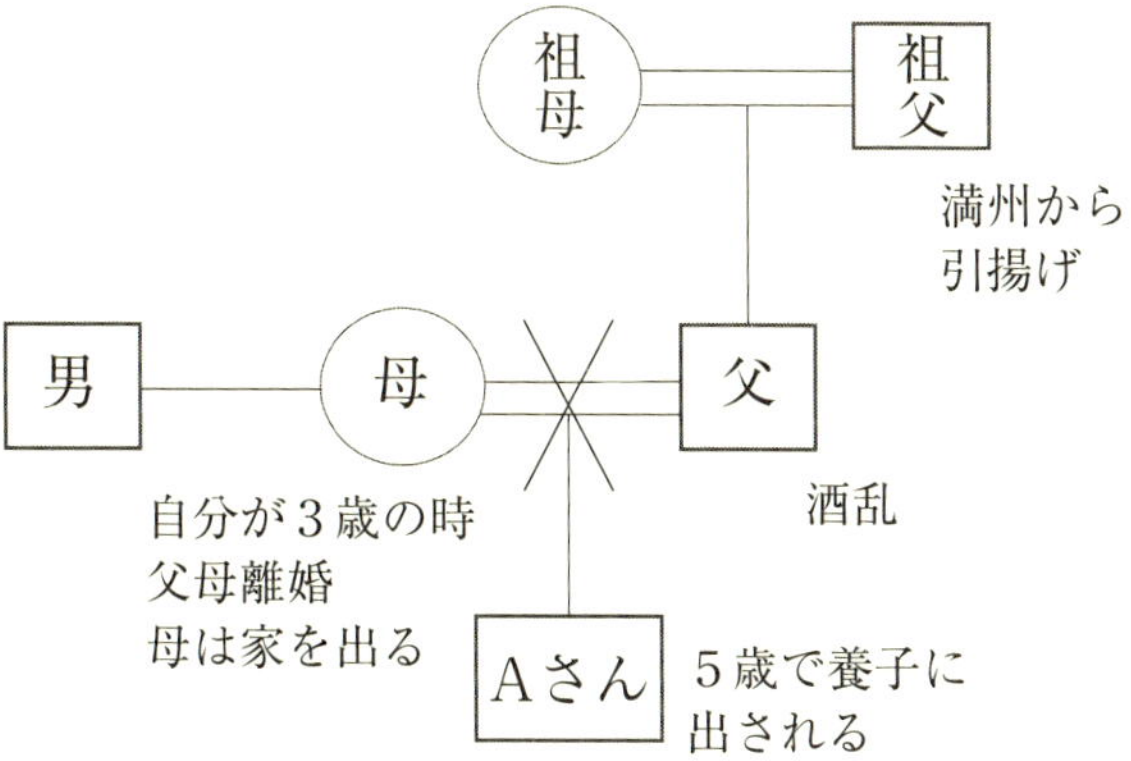

養子に出されたＡさんは養家先の両親に育てられたが、養父母ともうまくいかず、悪い仲間と交わるようになった。高校卒業後はアルバイトなど職場を転々とした。

両親との間で基本的な信頼関係を結べなかった人は成人して社会に出てから人間関係で苦労する場合が多いということは既に述べたとおりである。幼少時にＡさんの心に作られた傷は、成人してからＡさんの性格や価値観に大きな影響を与えた。Ａさんはまじめな性格だったが、上司や職場仲間のちょっとしたミスを許せず孤立してしまう傾向があり、このためどこの職場でも長く勤められなかった。

ある時、「両親や祖父を恨んでいる限り、周りから信頼される人にはなれない」と人からいわれ、Ａさんは思い切って父親に会いに行った。

父親はすっかり老け込み、昔とは打って変わって穏やかになっていた。父親の話からAさんの祖父母は満州《まんしゅう》からの引揚《ひきあ》げ者だったことを知った。日本に戻ってから経済的に苦労の連続ですさんだ生活を余儀《よぎ》なくされ、その挙句《あげく》、人に騙されて僅かな財産を全部取り上げられてしまったというのだ。このために父はろくに学校にも行けず悪い仲間に入ってしまい、苦労の連続で若い頃から酒に浸《ひた》るようになった。縁があって母と一緒になったものの、働くことが嫌いな上、酒で暴力をふるうことが度重なり、母は我慢ができずに家を出たという。「お前には本当に苦労をかけた」と父親は涙を拭いた。

Aさんは祖父の過去や父母の生活を初めて知って涙した。「自分はこれまでずっと、自分を捨てて出て行った母を責めていたが、物心もつかない自分を残して家を出ざるを得なかった母の気持ちを知ろうとしなかった自分は本当に親不孝だった」「祖父は家を破産させた加害者だと思ってきたけど、実は祖父は被害者だったことが分かった。誤解していて本当に申し訳なかった」と。

関心を持って事実を知れば理解が深まり、反省により自分の心は批判から受容へ、そして詫びへと変化していく。そして、父母や祖父との配線がつながるのである。これは親心に触れて自分が変わる瞬間でもある。
Aさんに限らず、両親や祖父母がどんな生き方をしてきたか、どんな苦労をしてきたか、子供の頃には分かるはずがない。しかし、大人になったら大人の目で両親や祖父母を客観的に見なければならない。そうすることで、自分が知らなかった父母や祖父母の本当の心を発見できることが多い。

◉心が変われば病気も癒される

「病は気から」という。気の持ちようで病気にもなり健康にもなるという意味の諺であるが、「気は心」とも言うように、心が健康や病気の原因になっている。病気の大半は遺伝因子と環境因子によって決まるという説もあるようだ。また、「病気の原因は大半がストレス」とも言われる。ストレスは「ストレスを過度に感じる心」に問題がある。

最近急増している鬱病《うつびょう》など心の病は心に原因があることは分かるが、肉体の病気でも心が大きな原因となっているという。心身症は「身体疾患の中で、心理社会的因子が密接に関与し、器質的ないし機能的障がいが認められる病態」をいうそうだが、要は自分の心や社会との関わりが強く関係しているということだ。

心身症は頭痛、高血圧、糖尿病、胃潰瘍《いかいよう》、十二指腸潰瘍、過敏性腸症候群、気管支喘息《ぜんそく》、アトピー性皮膚炎など多岐にわたるという。そして心療内科ではストレスの軽減やリラクゼーション、心理療法を取り入れて治療にあたる。最近の研究では慢性病も心や意識の問題が大きいという。

ところで、健康な人と不健康な人の違いは性格にも表れる。健康な人は明るく、前向きで感謝を忘れない。反対に不健康な人は暗く、マイナスに考えたり、人を責めたり、心配症の人が多い。これを一言でいえば「感謝」か「不足不満」かの違いといえよう。家系分析により〝いのち〟が何代にもわたり自分に受け継がれていること、そのうち一人でもいなければ自分の存在はなかったこと、自分には先祖から多くの願い・期待がかけられていることを知れば、今、生かされていることに感謝が湧かないはずがない。その心は平常の感謝の心になって健康な生活につながる。

一般社団法人倫理研究所を創設された丸山敏雄先生は「病気は生活の赤信号」といわれた。そして、病気は本人の気性や不自然な生活態度の影響を強く受けるから、心や生活態度の誤りを変えれば病気は治るといわれている。

◉苦難は心得違いを教えてくれる先生

どこの家にも多かれ少なかれ「これだけが片付いたら……」と頭を悩ましている問題がある。父親の相続で兄弟がいがみ合っている、息子が引きこもっている、娘が縁遠い、夫に女性ができた、バブル時に購入した不動産が値下がりしたまま……などなど。何ゆえその程度の問題で悩むのだろうと思うようなこともあるが、本人にとっては深刻な問題なのである。

先の倫理研究所を創設された丸山敏雄先生は「万象わが師」と喝破されたが、どんな苦難も偶然に起こるものは何一つなく、すべて原因があって起こっていると考えれば苦難は恨むべきことでない。苦難は自分の心得違いを教えてくれる先生なのである。しかも、自分にとって必要だから起こる。それを克服することを通して自分が成長できるのである。

自分だけでなく先祖が同じような原因で苦労している場合もある。そのような場合に、自分に起こった問題を偶然と捉えたり困ったものと考えるのではなく、その問題が先祖のご苦労を教えてくれていると捉えることが大事である。

川の水が汚いからといっていくら汲み出しても川はきれいにならない。川上にある汚れの原因を取り除けば川下は何もせずともきれいになるように、先祖の代での苦しみや悲しみを少しでも減らせば自分たちの苦しみも減るし、先祖も喜んでくれる。

◉家系分析で家のエネルギーが強くなる

先祖が喜ぶほど家のエネルギーが高まるようだ。

先祖に大きな苦しみを抱えた人がおり、その影響で子孫が苦しんでいる場合には、子孫が先祖の苦しみの原因を探り、理解するとともに、その苦しみを共有し慰霊することが大切である。

先祖の魂は、自分たち先祖の誤った生活が原因となって子孫が苦労していると知れば悲しむであろう。だとすれば、その苦しみを子孫が知り、理解することで先祖の苦しみは和らぐに違いない。「苦しみは分かち合えば半分になる」という。これまでずっと理解されずにいた先祖が子孫から理解され、さらに慰霊してもらえれば、その喜びはひとしおであろう。このことを自分に置き換えてみると、自分の苦労を子供がやっと分かってくれた喜びに通じる。

　また、子孫が先祖の苦しみやその原因を知って先祖の誤りを繰り返さないよう決意し努力しようとすれば、先祖はそれを応援してくれるに違いない。こうした先祖に対する心からの慰霊と、苦しみを繰り返さない努力は先祖の喜びや家のエネルギーとなって子孫を幸せに導いてくれるにちがいない。

　後に述べるように、私は最初の子が未熟児、二番目が流産であった。その原因が私の父親と妻との確執にあることが分かっていたが、私には何とも解決の手だてがなかった。そんな中で家系分析を行い、天明家は代々にわたり嫁舅《しゅうと》や嫁姑の確執が続いていることを知った。そして、その大きな原因が曾祖父母と祖父母の対立にあり、それによって曾祖父母の家が断絶していることが判明した。

　私はこれまでずっと知らずに来たことを先祖にお詫びするとともに、家族兄弟で供養を行った。それ以来、私の父と妻との確執はウソのように消えて、私たち夫婦の子供たちは健全に生まれ育つようになった。先祖の喜びが家のエネルギーを回復させたと思わざるを得ないのである。

◉サムシング・グレートの応援を受けるための条件

先にあげた村上和雄先生は、地球上の生き物の遺伝子構造がすごく似ていることから、何か大きな存在がこの世を創りたもうたに違いないと直感し、その大きな存在をサムシング・グレートと名づけた。何と、人間とハエの遺伝子構造も実に七割は同じだというのである。しかも、これは動物だけでなく植物も同様だというから驚きだ。

すべての動植物の遺伝子構造がよく似ているということを、私はパソコンになぞらえてみた（次頁図）。仮に遺伝子構造の七十パーセントが同じだとすると、その同じ部分はパソコンの基本ソフトにあたるのではないか。この基本ソフトの上に、人間であれば人間というアプリケーションソフトがのっており、ハエにはハエというアプリがのっていると考えるとなんとなく分かる気がした。

身勝手な推測でいわせてもらえば、七十パーセントの基本ソフトの部分は魂の領域で、三十パーセントのアプリケーション部分は肉体を持った領域と考えられないだろうか。

そのことは別として、村上先生は「〝サムシング・グレートは親の親の、ずっと上の親のようなもの〞であるから、自分が志を持って何かやろうと思ったらサムシン

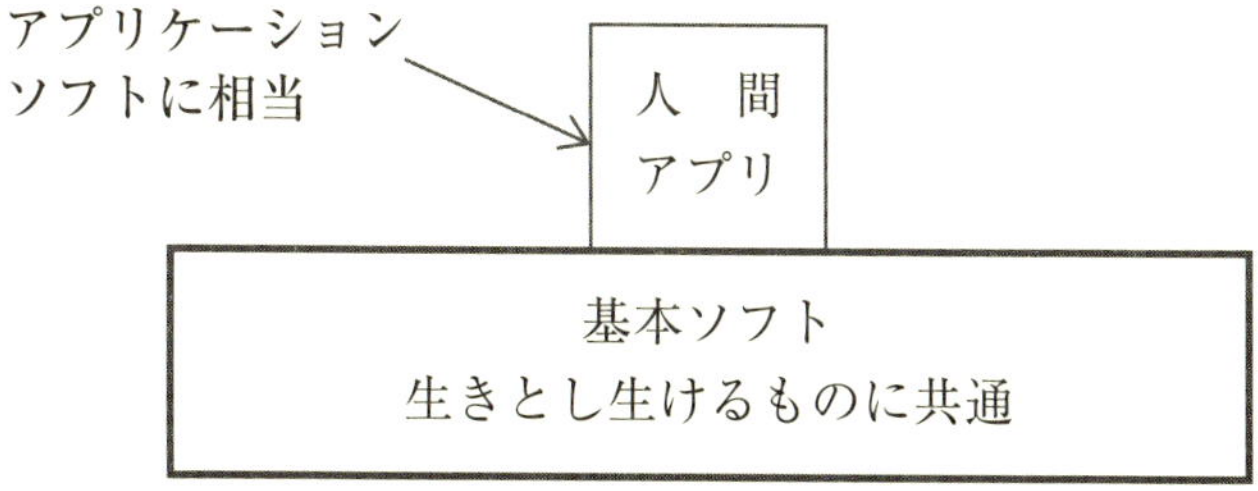

グ・グレートが応援しないはずはない」といわれる。そして、サムシング・グレートの働きがスイッチ・オンすると自分の遺伝子がスイッチ・オンになるのだ、と。

しかし、「はじめに」でも述べたように、いくらサムシング・グレートの働きがスイッチ・オンしてくれても、そこから延びる配線が途中で切れていたとしたら、そのエネルギーは伝わらないだろう。それでは自分の遺伝子がスイッチ・オンするわけがない。サムシング・グレートの応援を受けるための条件は「配線がつながっている」ことなのである。配線がつながった状態とは、自分が両親や祖父母、曾祖父母に感謝の気持ちを持っていること。先祖があって自分があるという感謝の気持ちが深まれば、その分だけサムシング・グレートに近づくことができると考えていいのではないだろうか。

◉祖先を知ることによる生命エネルギーの循環

福島県いわき市で三つの病院と老人保健施設等を経営する公益財団法人磐城済世会の松村耕三理事長は家系分析に造詣《ぞうけい》が深く、家系分析で開眼した自らの体験から、病院の職員にも正しい生き方を体得してほしいとの願いで家系分析を職員教育に取り入れている。

松村理事長は『家系分析入門』（日本創造経営協会編）の中で次のように述べている。

「縁あって理事長を引き受けるに当たって百十五年前の病院創設の理念を学ぶことからはじめた。病院の創設者はどんな一生を送った人なのか、どんな思いで現在まで続いている病院を創ったのか。私は創業者に近づくために、約二百五十年間の家系を遡る調査をはじめた。この家系調査、分析を進めていくうちに現在生きている人々を含めてたくさんの人々の一生を知り、その思いを感じることができた。そして、病院経営が私の使命であり、これは偶然に自分が選択したものではなく祖先の願いとして自分に与えられたものだということを確信した。そして、不思議なことに深く祖先のことを知ろうと調査すればするほど、祖先からの隠されたメッセージに気づくことができるようになり、加速度的に調査が進んだ」。

また、「先祖がとても身近になり、数百年からの時間の隔たりが無くなり、現在、一緒に生活しているような気持ちになってきた。いつもそばにいて私の行動を見守ってくれるように思えた」とも書いている。

さらに理事長は家系分析の成果に触れて、「それからというもの病院経営においても躊躇《ちゅうちょ》がなくなってきた。職場においても言葉でいわぬ職員の気持ち、今まで見えなかった心の部分がときどき見えるようになってきた。感受性の変化、気づきの進化が起こったのだと思われる。そして、同時に自らの体内にエネルギーが次第に蓄積されていくのが感じられた。これは祖先を知り、一体化することによって祖先のエネルギーが私の中に循環されるのではないかと思っている。これを、生命エネルギーの循環と呼ぶこととした」と述べておられる。

◉第六感は先祖の導き

宮内庁や迎賓館《げいひんかん》などへ納める高級家具を製作する横浜市の秋山木工は、社員数三十数名ながら日本各地はもとより外国からも見学者が絶えない。ここは日本の伝統的な丁稚《でっち》制度という人材育成の仕組みが残っている珍しい会社なのである。

工場に入ると高校卒らしき若者が迎えてくれた。丁稚になると男性も女性も丸坊主になって修業する。最初の一年目が丁稚見習い、二年目に丁稚になって四年経つと職人に昇格する。そして職人になって三年が経過したら、原則として会社を辞めて独立するか他の木工会社等に転職するか、いずれかの道を選択する。それが一流の職人になる道なのだという。

秋山利輝社長は「心が一流なら技も必ず一流になります」との信念で、徒弟制度により若者の心を育てることに心血《しんけつ》を注ぐ。携帯電話は禁止で、通信手段は手紙だけ。恋愛も禁止。毎日レポートを義務づけ、それが一冊貯《た》まると家族に送る。これを読んだ家族が感激して本人に手紙を出すが、これがまた本人の涙を誘い、いっそう仕事に励む。こうした取り組みで一流のプロが育っていく。入社数年でみんな技能オリンピックの金・銀・銅賞を取ることがそれを証明している。

秋山社長は、父親が体を壊されてから経済的に困難が続き大変苦労されたそうだが、そのご苦労をバネに生きてこられた。また秋山社長は、ユニークな諸制度の発案や入札価格の決定など、すべて「第六感でやっている」と言われる。第六感は先祖の英知が集約されたものだから最高の意思決定に導いてくれるのだという。

秋山社長は家系図をいつも手元に置いている。伯父さんにあたる方が調べられたという十代以上続いている家系図を見せていただき、家系図に載っている人を一人ひとり丁寧に説明していただいた。ご先祖の特徴をよく理解されており、先祖への感謝を欠かさない。この先祖のおかげさまで今があることを忘れなければ、先祖の導きにより間違いない意思決定ができるという。まさに先祖に守られて仕事をしているように感じられた。

知名度が高くなった秋山木工に応募する人は増えているそうだが、採用にあたっては、祖父母と一緒に暮らしている人および家系図で先祖が五代以上分かっている人は無条件に入社OKという。親先祖を大切にしている家の人は心が素直で成長が早いことを経験的に知っておられるのである。

4 目的に応じた家系分析の着眼点

◉事業を継承、家を継承したい人

初めて家系を調査する人の目的は「自分の家系に興味を持ったから」という人から

「自分の使命を知りたい」という人までさまざまである。目的によって家系分析の方法に違いがあるわけではないが、重点の置きどころに多少の違いがあるので、これについて述べておきたい。

まず、家の継承者や事業継承者にとって家の歴史を知っておくことは必須である。前にも触れたが「三代続けば家は栄える」という諺があるかと思うと「三代目で潰れる」ともいわれる。どちらも正解で、「三代続けば栄えるけど、なかなか三代続くのは至難」なのである。この「続く」というのは単に誰かが家を継いでいるだけではなく「繁栄」しているという意味である。繁栄を維持するのが難しいのである。

私は多くの行き詰まった会社の指導に携わってきたが、この意味の大きさを痛感する一人である。では、どうして続かないのだろうか。

創業者には「親が破産してしまったので自分はゼロから頑張った」「親の借金を抱えながら精一杯返してきた」など裸一貫《はだかいっかん》から出発している人が多い。このような人の中には、親が自分に試練を与えてくれたと受けとめ感謝している人が圧倒的に多い。決して家を潰した親を恨んでいない。二代目はこの親の苦労をみて育つから自分も精一杯頑張る。ところが三代目となると家庭が裕福になっているからどうしても甘やかか

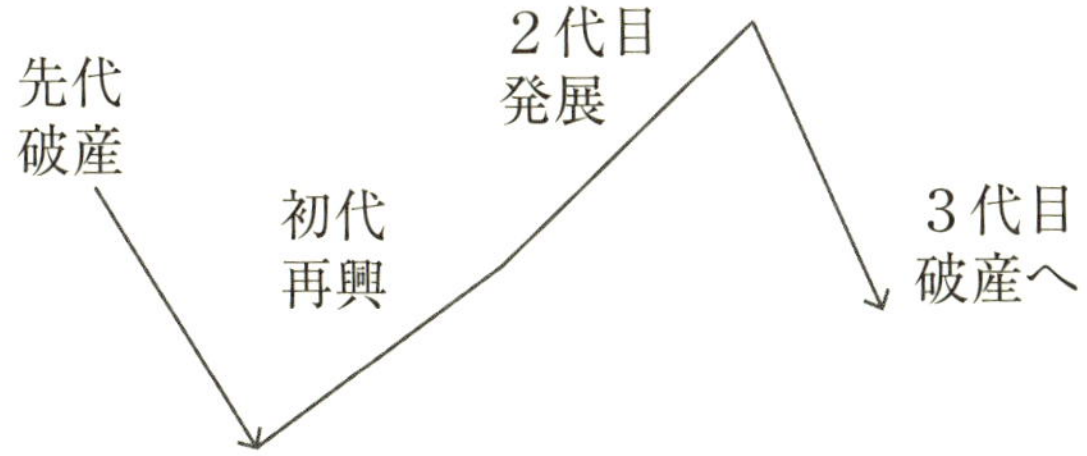

されて育つ。しかも、その豊かさが創業者の血のにじむような努力のおかげであることが分からない。したがって感謝が少ないし、努力もあまりしない。結果として衰退から破綻に至るという構図である（次頁図）。

初代、二代目がしっかりしていれば三代目は特別な苦労をしなくとも順調に発展していくことが多い。ところが、それを自分の能力、努力の結果と誤解してしまうと没落が始まる。家の繁栄も事業の繁栄も先祖代々の努力の賜物《たまもの》であることを忘れ、そのことへの感謝を忘れた時に「我」が出てきて、他の意見を聞かない、耳の痛いことは特に聞かないという「独善」となり衰退から破綻に至るのである。

家の継承者や事業の継承者にとって最も大事なことは、今の幸せや事業の繁栄の陰にどのような先祖のご苦労や努力があったかをつぶさに調べ、理解することである。

また、繁栄のプロセスを知ることも大切である。家系分析をしていると、富豪の人が必ずしも徳が高かったとはいえない場合があるからだ。それは「蓄財のプロセス」の違いである。代々にわたり地域のために骨身を惜しまず奉仕した結果として土地を広げてきたとか、こつこつまじめに努力を積み重ねて富を蓄積してきた家は徳が高く長続きしている。ところが、中には怪しげな手段で蓄財してきたケースもある。「○○御殿」と呼ばれる立派な家屋敷が近隣からの評判が悪いという話を各地で耳にする。良く言われないのは〝やっかみ〟が半分あるにしても、強欲《ごうよく》な蓄財の仕方が影響している場合が多いようだ。汗がにじんでいない金銭はしょせん「あぶく銭」で子孫の幸せにはつながらない。

他方、貧乏は先祖の功徳が少なかったといえる。お釈迦様はお弟子さんたちが托鉢《たくはつ》に歩く時に貧しい家を訪れるように指示したという。裕福な家ほど喜捨《きしゃ》が多いはずなので疑問に思った弟子が質問すると、お釈迦様は、「今、貧しい家は過去世に徳を積んでこなかったからである。それゆえ、徳を積ませてあげるのだ」と諭したという。心したい言葉である。

◉自分の使命を知りたい人

家系に込められた自分の使命を探りたいという人は人生を真剣に考えている人である。

「親のこころ子知らず」という。自分の子供がかわいくない親はいない。どんな親でも「こうなってほしい」「ああなってほしい」という願いや期待がある。「これだけはしてほしくない」という願いもあろう。

それにもかかわらず子は親の願いを聞こうとしない。親に反発して聞かない場合もあるが、反発でなくとも、親が思うほど子は重要に思っていないことも多い。親が積んできた多くの貴重な人生経験と、子供の浅い人生経験とのギャップといってもいいかもしれない。大人になってから「そうか、親はこんなことをよく自分にいってたっけ」と思い出すことも少なくない。「親の意見と茄子《なすび》の花は千に一つもムダがない」という諺は大人になって初めて分かるものなのだろう。

関西の経営コンサルタント会社である㈱日本経営の名誉会長をされている小池由久さんは「小さなころ、親から勉強せい、勉強せい、とうるさくいわれて育った。当時はその訳が分からなかったが、父親は学歴がないために大変に悔しい思いをしたことがあり、それがために自分の息子には勉強して立派になってほしいと願っていたのだということが大きくなってから分かった」と述懐《じゅっかい》される。

こんな親の願いが代々続いて自分に宿っている。その願いや期待が累積していると考えれば、自分にはとても大きな願いや期待がかけられていることに気づく。親・祖先の願いは「健康」「幸せ」「財」といった自分自身に関わるものから、「人に親切」「人のお役に立つ」「貧困をなくす」「平和に貢献する」など利他に向かうものもある。

世の中に役立ってほしい、志を持って生きてほしいという願いは環境因子として自分に受け継がれる。とりわけ先祖が志半ばにして亡くなった場合、その志の実現を子孫に託したであろうことは想像に難《かた》くない。親・祖先の生きざまや自分にかけられた親・祖先の願いや期待の中に、自分の使命を見つけていくことが大切なのである。

親・祖先がどんな生き方をしてきたのか、どんなことを成し遂げたのかを理解すれば、子孫にかける願いも想像できる。

◉困っている問題の解決に役立てたい人

家系分析によって「この問題を解決したい」と思っている人は内省《ないせい》的な人である。

事業の存続に関わること、夫婦や家族間の確執に関すること、財産に絡むトラブルなど、問題が大きければ心配で仕事が手に就かない、ゆっくり寝られない、果ては生きているのが辛いという状態になりかねない。

どんな問題にも原因がないものはない。ただ、面倒なのはその原因がすぐに分かるものと分かりにくい、あるいはまったく分からないものがあることだ。下痢をしたのは昨晩の食べ過ぎのせいだとか、飲み過ぎで胃がムカついているなどは原因が明確である。ところが医者から「ストレスが原因」といわれても、ストレスの原因は特定しづらい。まして、親・祖先の生きざまの中に原因があると思われる場合はいっそう分かりにくい。

こうした悩みは悪い面、すなわち先祖の苦しみや悲しみが繰り返されている場合が多いようだ。それは代々続く場合があれば、不思議と一代おきに起こっている場合もあるので、この点を意識して家系分析することである。

親・祖先が同じような問題で苦労している場合、その原因や背景を分析してみると、自分にそのままあてはまることも少なくない。起こっている事象は違えども本質的には同じというケースである。この点には十分注意を払いたい。

ところで「悪い面が繰り返されている」と書いてきたが、「良い・悪い」は主観の問題であり、起こっている事実には「良い・悪い」ということはない。一つの事実が起こっているだけだ。問題はこちらの受け止め方で良くもなり悪くもなるということ。この点が重要である。何か困ったことを「天が教えてくれているのだ」と受け止めれば、その困ったことは有難いことに変わる。

恩師は「垂示《すいじ》」ということをよくいわれた。神様が私たちに「垂《た》れ示す」という意味である。神様は私たち人間に言葉を持って教えることができないから、何か災いや奇瑞《きずい》を持って示してくれるのだ。それゆえ、困ったことを悪く捉えることなく、神様は私に何を教えてくれているかと考えるのがよい。

併せて、先祖の長所をつぶさに調べ、受け継ぐ努力をすることである。先祖の徳を讃え、感謝するほど自分に継承されるようである。

◉人間力を高めたい人

特に困っている問題があるわけではないが、人間力を高めるために家系分析を生かしたいという人は健全である。

幼少時に形成された性格は大人になっても基本的に変わらない。そこで自分の幼少時の生育環境を注意深く調べ、それが自分の形成にどのように関わっているかを掴むことである。幼少時の生活環境には両親やそれに代わる人の影響が強く反映しているに違いない。

もちろん大人になってからの環境や教育も人間力に大きな影響を与える。特に職種や仕事ぶりなどには、両親はもとより祖父母以前の人たちの影響も無視できない。現在、自分が就いている職種や働きぶりには少なからず親・祖先の影響がある。そこで、現在、自分が気づいている長所・問題点や、人間力を高める上での課題と感じていることについて、親・祖先の生き方に学ぶという意味で注意深く分析してみるとよい。

5 家系分析の疑問を解く

◉家系を調べたら問題だらけだった

「家系図を作ってみたら、わが家は問題だらけ。がっかりした。こんなことなら調べないほうが良かった」という嘆きをたまに聞く。先祖を調べたら離婚・再婚の繰り返し、多数の自殺者、短命と夭折《ようせつ》がたくさんいたらガッカリするかもしれない。しかし、だからといって家系を調べないほうが良かったのであろうか？

いや、そうではない。調査しようと調査しまいと、原因があれば結果は必ず生じるのである。何かが起こってから慌てるのか、起こる前に対処するのか、これによって人生は変わってくる。

「事実は小説よりも奇なり」というが、これが家系にもぴったり当てはまる。誰でも家系を深く調べれば調べるほど、自分が全く想像もしていなかったようなことが分かったり、先祖が同じことを繰り返していることに気づかされる。先祖に離婚や再婚者が多ければ自分もその可能性が高いと思わなければいけない。

家系の中に同じような行いをした人が多いということは、このままいけば自分も同じことを繰り返す可能性が高いことを暗示している。もし、それが好ましくないことであれば、なぜこうしたことが繰り返されているか、その原因を先祖の生きざまの中に見出し、これを反面教師として自分や子孫が受け継がないよう努力することが大切である。

◉水子を持った人がするべきこと

家系図でうっかり見過ごしやすいのは水子《みずこ》の存在である。水子とは流産、掻爬《そうは》など、母体に生命が宿ったが何らかの原因により生まれ出ることができなかった生命のこと。水子がいることが分かったらどうしたら良いだろうか。水子は戸籍謄本には載っていないので夫婦の記憶によるしかないが、生まれなかったという理由で家系図に載せないのは間違いである。また、先祖の水子は菩提寺《ぼだいじ》で供養してもらっているケースも多く、この場合にはお寺の過去帳《かこちょう》に載っている可能性もあるので注意深く調べよう。いずれにせよ、水子は可能な限り家系図に載せなければならない。

宇宙のできごとに意味のないことはないという。母体に宿ったということは必要・必然であり、家系の上からも何らかの意味があるということだ。母体に宿ったが生まれなかったというのは母親の心身に何らかの異常が生じていたことを暗示しており、それは夫婦はじめ家族の心や人間関係に何かしらの原因があったと推測できる。夫婦に何かを教えるために水子として生まれる運命を持っていたのかもしれない。

先にも少し触れたが、私たち夫婦にも水子が一人いる。第二子を授かった時、私の妻の心理状態は不安定で、それがもとで流産したものと推測された。このことは私たち夫婦にとって大きな反省材料になったとともに、その後の幸せな家庭づくりに欠かせないできごとになった。

水子の霊はきちんと供養したい。水子を祭るお寺は各地にあるが、私たちは東京北区の通称赤ちゃん寺と呼ばれる「正受院《しょうじゅいん》」というお寺に毎年お参りしていた。このお寺はおもちゃやぬいぐるみがたくさん供えられており、水子だけでなく子供を亡くしたご両親のいとおしい気持ちが伝わってくる。

◉障がいを持った先祖に感謝する

先祖に障がいを持った人がいる場合はどう受け止めたらよいのだろうか。

今と違って昔は、障がいを持った子供を「何かのたたり」と考え、人前に出さない風潮があった。障がいを持った子がいることを隠すために家系図からも除去する傾向が一部にあったことは想像に難くない。

「障がい者はやっかいもの」と長らく思われてきたが、実は障がい者が病気を引き受けてくれているおかげで私たちが健常でいられることを山元加津子《かっこ》さんの本で教えられた。石川県の養護学校教諭で作家でもある山元加津子さんは『1／4の奇跡』（マキノ出版）の中で次のような話を紹介している。

昔、アフリカのある村で、マラリアという伝染病が猛威をふるい、村は壊滅《かいめつ》的な打撃を受けていた。しかし、どんなに伝染病が蔓延《まんえん》しても、どんなに絶滅するほどの病死者が出ても必ず生き残るグループがいた。後年、そのメカニズムを調べようと、多くの研究者が「生存者」本人からその子孫に至るまで徹底的に調査を行ったところ、一つの事実が分かった。それは、マラリアが多く発生する地域では、ある一定の割合で鎌状赤血球という伝染病に強い突然変異遺伝子を持つ人がいるということ。そして、伝染病に強い遺伝子を持つ人が生まれる時、高い確率でその兄弟姉妹に重い病気を持つ人が現れるということ。その確率は四分の一。四人の子供が生まれた場合、必ずそのうち一人は成人前に亡くなってしまうような重い病気を患うことになるというのである。

つまり、人間がマラリアとの生存競争に勝つには、重病を引き起こす突然変異も必要だった病気や障がいを持つ遺伝子も必要だったというのだ。病気や障がいを「引き受ける人」がいなければ、その村は絶滅していたことになるのだ。

このような事実を考えてみても、障がいを持った人を厄介者とみるのではなく、家の苦しみを引き受けてくれていると感謝して受け入れる必要がある。これは夭折、死産、先天的な病などにも共通することであろう。

◉先祖の苦しみ・悲しみを生き方に生かす

先祖の苦しみや悲しみは取り除けるのだろうか。もし取り除けるとすれば、どうすればいいのだろうか。「取り除くといっても、既に亡くなっている人の過去の苦しみや悲しみを取り除くことなどできるはずがない」という見方もあるだろう。しかし、日本では古来肉体はなくなっても魂は永遠不滅と考え、先祖の魂を慰め、その苦しみを取り除くために慰霊や鎮魂の儀式が伝承されている。

慰霊日を定める、慰霊祭を行う、慰霊碑・慰霊塔を建てるなどはみな、先祖の苦しみや悲しみ痛みを癒し、鎮めるためのものである。仏教徒の家では先祖の慰霊として回忌法要《かいきほうよう》、廻向《えこう》、墓参《ぼさん》などを行う。いずれの場合にも大切なのは、亡くなった人の苦しみや悲しみを忘れず、その思いを共有するとともに自分たちの生き方に生かすことである。

先祖の喜びや苦しみを深く知るほどに先祖への理解は深まり、そのような中で私たちに生をつないでくれたことへの感謝が深まる。まして、子のために親が犠牲になって苦しみを背負っている場合、その事実や苦労を知ろうとしない子は親不孝である。

◉縁日と百日墓参

仏教国である日本では春秋のお彼岸《ひがん》や夏のお盆にお墓参りをする習慣がある。彼岸やお盆以外にも新年の初詣で、お釈迦様の誕生日である四月八日の花祭り、お釈迦様が入滅《にゅうめつ》された二月十五日の涅槃会《ねはんえ》などにお参りする人も多くいる。縁日とは、このような神仏の降誕《こうたん》・示現《じげん》・誓願《せいがん》などの縁（＝ゆかり）のある日を選んで祭祀や供養が行われる日で、この日に参詣《さんけい》すると普段以上のご利益があると信じられていたという。

ご利益があるかどうかは別として、縁日は神仏の記念日を縁として先祖を思い出し、感謝を深め、慰霊する日である。もちろん先祖への感謝や慰霊を深めるという意味では、いつお参りをしてもいいし、その回数は多いほどいい。しかし、そうはいっても実生活の中では仕事に追われ、忘れがちになる。それを思い出させてくれるのが縁日なのである。

私の恩師は何か大きなことを始める人に対して「百日墓参」を勧《すす》めたものだ。百日というのは一つの区切りで、百日続くと習慣化するという思いがあったものと思う。

倒産した会社の社長には再建計画が承認されるまで毎朝、墓参を続けるよう指導した。多忙な社長が雨の日も風の日も欠かさず百日間墓参を続けることによる心の変化が会社の再建に生きたと思われることが多かった。

私自身も薄衣佐吉公認会計士事務所に入り五年ほどして仕事の壁にぶつかっていた時、恩師から百日墓参を命じられた。朝五時起きして始発電車で菩提寺に行き、お参りを済ませてから仕事先へ向かう。ところが、六十数日目に朝起きられず、その日を境にやめてしまった。一か月ほど経って恩師に状況を聞かれたのでその旨を報告したら「お母さんに起こしてもらうよう心からお願いして再挑戦せよ」といわれた。照れくさかったので母に頼むことはしなかったが、今度は百日続けられた。達成感とともに、自分の中で何かがハジけ、壁を乗り越えることができた。

家系分析をすると、これまで知らなかった、気づかなかったさまざまな事実が明らかになってくる。それを真摯《しんし》に受け入れ、見つめることによって、人間性が高まり、仕事も人生も好転するようになっていくのである。

次章では、この家系分析の具体的な進め方について学んでいくこととしよう。

第3章

眠っていた遺伝子が目覚める

―家系分析の進め方―

1　家系分析の進め方

◉家系分析の手順

実際の家系分析の進め方は次頁図のとおりである。まず、
①家系の調査から始まり、
②家系図を作成し、
③家系図に示された一人ひとりの生きざまを調査し、
④この中から家に流れている徳・不徳を発見し、
⑤徳を顕彰し不徳は浄化・抑制すると、
⑥結果として幸せや健康など目的が達成できる。さらに⑦「○○家史」を編纂し製本する。

本書では、この一連の活動を「家系分析」と呼ぶ。

家系分析により自分に受け継がれている長所、すなわち徳が分かる。自分の使命をはっきりと認識できたという人もいる。シンクロニシティー（共時性）が頻繁に起こ

①家系調査
⇐ ②家系図の作成
⇐ ③生きざま調査
⇐ ④徳・不徳の発見
⇐ ⑤徳の顕彰と不徳の浄化・抑制
⇐ ⑥結果（幸せ・健康・成長）
⇐ ⑦家族史の編纂

るようになったという人もいれば、運が味方するようになったという人もある。その他、長年の病気が治った、家族関係が改善された、自信が持てたなど多くの声があるが、何といっても多いのは「自分の命に改めて気づいた」「自分の生命がこのように先祖から受け継がれていることが分かった」という〝いのち〟の自覚である。生かされている自分を再認識したといってもいい。この意味で、家系分析は自分らしさを見える化するプロセスでもある。

なお、すでに触れたことではあるが、家系分析は家系図を書いて終わりではない。家系図に記載されている一人ひとりの生きざまを調べ、それを自分の生き方に活かしていくことが本当の目的である。この意味では調査のプロセスが最も重要であることを忘れてはならない。

横書き

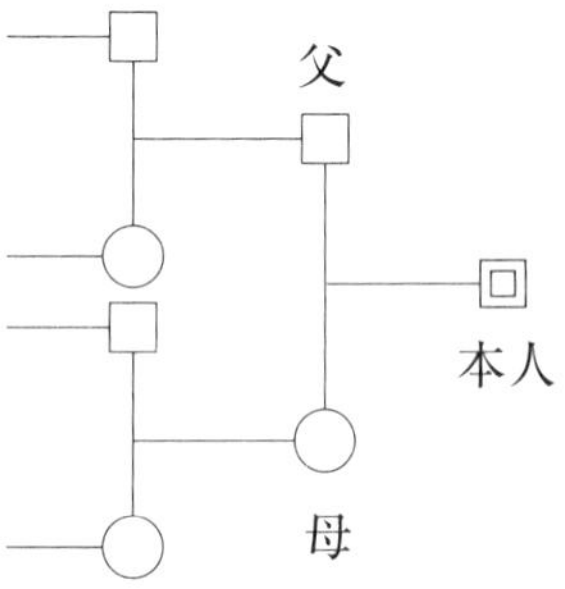

縦書き

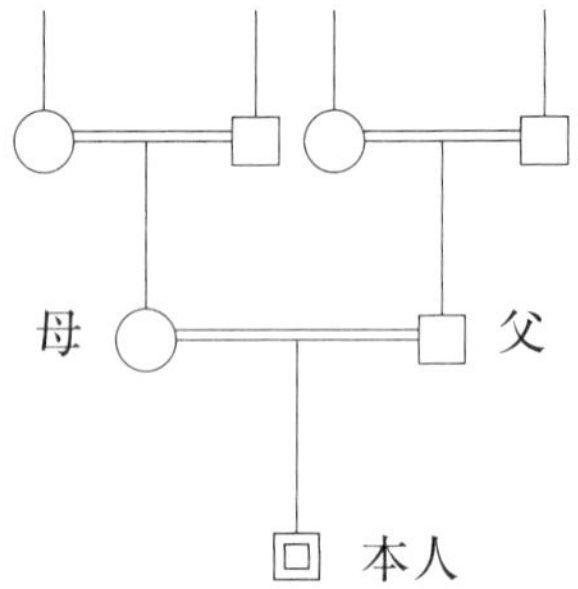

●家系図のルール

家系図は以下の記号を使って書く。書き方は横書きでも縦書きでも良い（上図）。

①男性は□、女性は○。なお、自分自身は回（男性）、◎（女性）と表示する。

②死亡している場合は×を入れて⊠（男性）、⊗（女性）、または■（男性）、●（女性）と表示する。

③結婚は二本線（＝）で結ぶ。内縁関係は一本線（－）で結ぶ。

離婚した場合は＝、あるいは－の線に×を入れて、≠、∤と表示する。

④兄弟姉妹は上または右から順に記入する。

双子は二股線、養子に入った場合は↑で表示する。

なお、実際に書く時にはA3程度の大きめの用紙を使って下書きしていく。書いていくとどんどん広がっていくので、書ききれないところはA3用紙を上下左右に足していくか、別紙に続きを書いていき、最終的には模造紙にまとめるとよい。

この家系図に、家系調査で判明した次のような事柄を書き込む。①名前、②生年月日、③死亡年月日、④没年齢、⑤死亡原因（病名、事故内容など）、⑥性格、⑦職業など。その他、用紙に余裕があれば戒名《かいみょう》、趣味などを書き入れたい。

なお、配偶者の家系を入れると複雑に入り込むので配偶者の家系は別紙に書くのがよい。

◉家系の調べ方

家系分析は、まず家系を調査することから始まる。家系の調査には、

①先祖の名前や関係を調べる

②家系図に示された一人ひとりの生きざまを聞き取り調査する

という二つの目的がある。この二つは相互に関係しているので、両親や関係者から聞き取り調査をする場合には①、②を併せて聞き取ることが普通である。

③家系図を書くための調査には以下のような方法を用いる。
a．戸籍謄本、除籍謄本を取り寄せる
b．本家の過去帳を調べる
c．菩提寺の過去帳を調べる
d．墓石、墓碑《ぼひ》を調べる
e．両親、祖父母や親戚の人に聞く　など
④生きざまの調査は「聞き取り調査」が基本である。
a．両親、祖父母、兄弟、親戚など親族に聞く
b．菩提寺の住職や住んでいた土地の知り合いに聞く
c．先祖が残された日記などの記録を調べる
d．風土記など、地域の歴史について書かれた書物を調べる　など
菩提寺の住職は檀家《だんか》のことをよく知っている。田舎に行くほどこの傾向は強いようである。
両親や祖父母、親戚縁者《えんじゃ》が健在であれば聞いて確かめることがまず第一。何よりも両親や祖父母、伯父・叔母などが存命中にしっかりと聞いておくことを心がけたい。

私の場合は生前の母から聞いた内容がカセットテープにして三本残っており、これが家系分析に大いに役立った。

◉三代先の先祖は八家

自分の親は二人。父も母も二人の親がいて、祖父母は父方・母方それぞれにいるので、自分の曾祖父母は八人いることになる。その上を遡れば、十六人、三十二人と倍々に増えていき、三十三代遡ると先祖の数は地球上の人口を超えてしまう。その一人が欠けても自分はいないことに気づくと〝いのち〟の不思議と先祖の有難さが分かる。理論的には、これらの先祖の長所・短所がすべて受け継がれているわけだが、自分に大きな影響を与えているのは三代前まで、すなわち曾祖父母までの影響が大きいようである。

曾祖父母は八人いるわけであるが、では、この八人の苗字《みょうじ》がどれほど分かるだろうか。あなたも次頁の図のA家からH家まで、何人の名前が分かるか書き入れてみてほしい。もちろん姓だけで結構である。例えば私の場合、曾祖父母までは婿《むこ》養子はおらず、みな嫁を迎えているので、天明姓は図のA家に入る。母の旧姓は渡辺であるが、

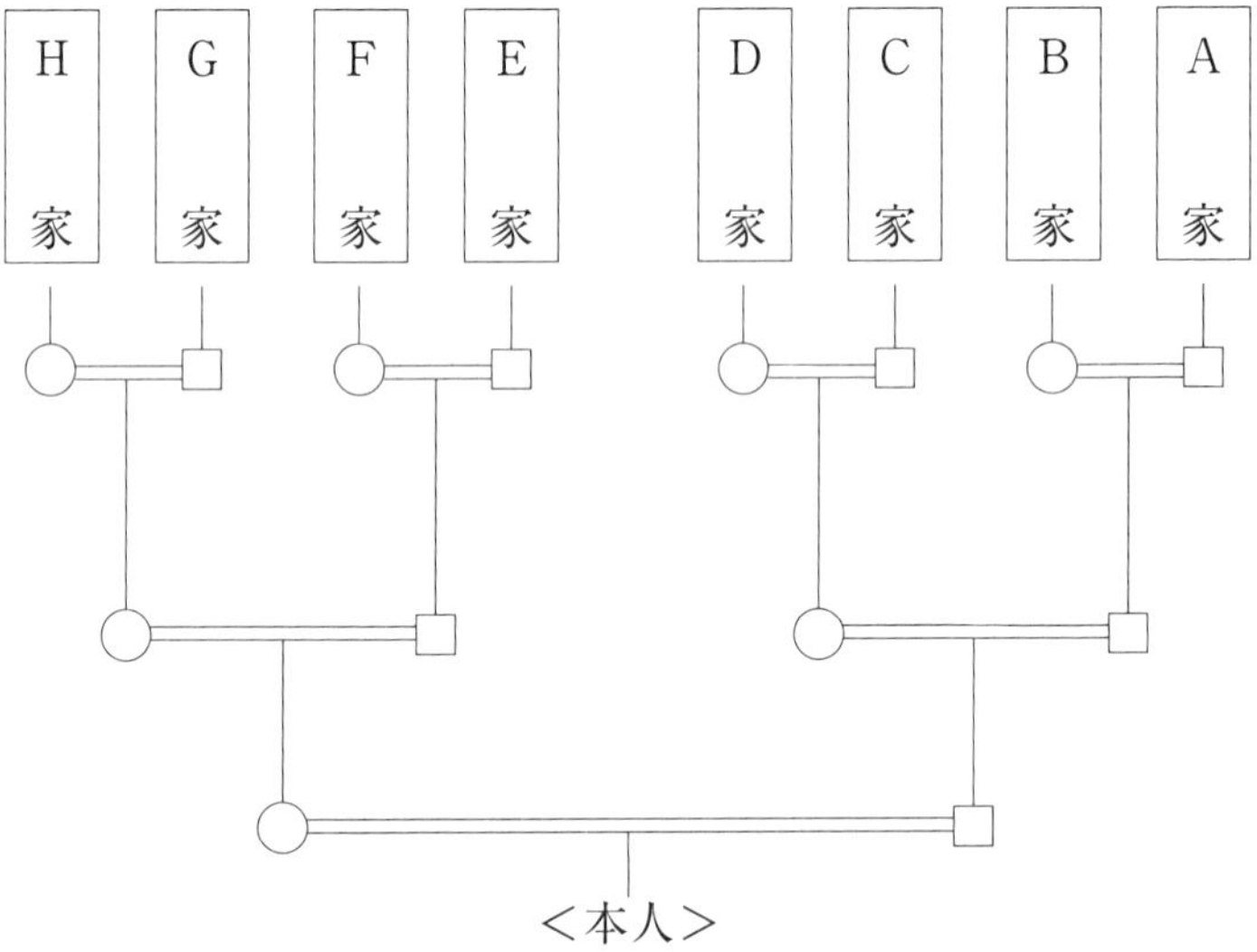

母方もみな嫁を迎えているのでE家に渡辺が入る。

これまで私が講演などで確認してきた限りでは、八家のうち、その場で名前が分かるのは二、三家である。四家分かるという人は稀である。如何《いか》に普段は先祖に無関心でいるかが分かる。

◉戸籍謄本を取り寄せる

家系図を作成する上では戸籍謄本を取り寄せることが欠かせない。戸籍とは個人の家族的身分関係を明確にする公文書で、これを書面の形にしたものが戸籍謄本である。戸籍謄本には筆頭者の名前、家族の名前、続柄《つづきがら》、生年月日が記載されている。また、生まれた場所や出生の届け出をした者の名前、婚姻歴のある人は婚姻の時期、相手、入籍先の戸籍なども記載されている。戸籍謄本には「本籍地」と「筆頭者」が必ず記載されており、これで検索するので、この二つが分からないと戸籍謄本は入手できない。

戸籍法の改正により戸籍の記載内容や様式が変更になった場合、古い戸籍は「改製原戸籍（ハラコセキと呼ばれることが多い）」として残されている。通常は、現在の戸籍謄本だけでなく原戸籍を取り寄せる必要がある。また、死亡や結婚などで一家全員が戸籍から除かれた場合には除籍謄本として保存されているので、必要に応じて除籍謄本も入手する。

住民票が現在住んでいる地域の役所で入手できるのに対して、これら戸籍謄本などは本籍地の役所でないと取得できない。本籍地が遠方の場合には、切手を貼った返信用封筒を同封して郵送してもらうとよい。戸籍謄本は一通五百円前後、原戸籍や除籍謄本は八百円前後である。

なお、戸籍謄本は戸籍に入っているすべての人が記載されているのに対して、戸籍抄本はそのうちの指定した人しか記載されていないので、家系図を作るには戸籍謄本でなければならない。

2　先祖の生きざまを調査する

◉両親・祖父母から聞く

家系図が整理できたら、この図に記載されている先祖の一人ひとりについて、どのような生き方をしてきたかを調べていく。これを「生きざま調査」と呼ぶこととする。「生きざま調査」は職業、性格、死因、健康状態などから、その人の生涯を通じてどのような生き方をしたのかが浮き彫《ぼ》りになるよう、以下の点に着目して具体的に調べる。

①生い立ち
②人間関係。とりわけ親子・夫婦仲については詳しく聞いておきたい
③仕事の内容や仕事ぶり
④徳。すなわち、どんな喜びやすぐれた点があったのか
⑤不徳。徳の反対で、どんな苦しみや問題（短所・争いなど）があったのか

生きざま調査はまず両親から聞く。両親のことは分かっているようでも分かってい

ないことが少なくないので改めて聞いてみる。父からの聞き取りと母から聞いた内容ではニュアンスが違うこともよくある。

◉親戚を訪ねる

両親のことは両親から聞き取り調査をするだけでは必ずしも十分でないことがある。それは両親が忘れているということもあるが、それ以上に、思い出したくない、あるいは子供に話したくないことがあるからである。これらを兄弟や親戚への聞き取り調査で補っていく。同じ兄弟でも上と下では両親に関する情報量に大きな違いがあるので、兄や姉からも聞く必要がある。兄弟の年齢が離れている場合ほど情報量の違いが大きい。私は七人兄弟の六番目であったために、自分の知らない両親についての話を兄姉からたくさん聞くことができた。

また、両親が他界している場合には親戚などから聞く以外にない。

親戚が遠く離れて住んでいる場合には泊まりがけで行く必要があり、時間も要するので、お墓参りなどと兼ねて訪問するなど計画的に調査したい。

◉本家、菩提寺への訪問調査

自分の家が本家であれば家系分析に関する資料も揃いやすいが、父親や祖父の代で分家している場合には先祖の情報が少ない。この場合には本家や総本家を訪問する。本家や総本家でも家督《かとく》が代わって当主は若返っているが、本家はさすがに家の継承者という意識を強く持っているので、古い過去帳などを大切に保存しており、本家ならではの情報を取れることが多い。

また、菩提寺は必ず訪ねたい。墓石、墓碑の戒名や没年などは写し取って戸籍謄本などと照合する。住職に面会して過去帳を閲覧させてもらい、住職から先祖の話を伺う。住職は檀家の情報を思った以上に持っているものである。

◉早いうちから記録を残す

先祖の生きざま調査の実施は早ければ早いほどよい。両親や祖父母が健康なうちはいくらでも聞き取り調査をすることができるが、亡くなってしまってからの調査は極めて困難となるからである。私の場合は生前の母から何回かにわたって聞き取り、それがカセットテープ三本に貯まったことは先に述べた。母はすでに認知症の症状が出始めており、話は行ったり来たり、何度も重複があったが、それでも子供の頃の話には新鮮なものが多く、これが家系調査や家族史を作る上で大いに役立った。

すぐに家系図を作る予定がなくとも、両親や祖父母が健在であれば、今のうちにじっくり聞いて記録に残しておくことをお勧めする。また、併せて写真などの資料を整理しておくことも大事である。東日本大震災では津波のガレキの中から家族の写真を見つけて喜んでいる人をたびたび目にしたが、写真は多くの記憶をよみがえらせてくれる。写真は家族史を編纂する時になくてはならないものである。アナログ記録をデジタル化してクラウド保存しておく人が増えるに違いない。

3　家系調査は先祖の導き

◉先祖が待っていてくれる

親元や親戚などに家系調査の目的で訪問すると、偶然にほかの親戚の人が訪ねて来ていて話が盛り上がるということがよくある。田舎に行って家系のことで聞きに来たというと近所に住んでいる親類縁者をみんな集めてくれ、たいそう盛り上がり、親・

祖先の生きざまをたくさん聞くことができて感激したという人は多い。

また、家系の調査をしていると、分からないだろうと思っていたことが偶然に分かることもよくある。こうしたことを聞くにつけ、先祖が喜んで導いてくれるのではないかと思わざるを得ない。

先祖は、子孫が家系を調べに訪ねて来てくれることを、首を長くして待っているにちがいない。実際に調査に赴《おもむ》くと期待していた以上のことが分かるのはそれゆえであろう。

◉紫雲が迎えてくれた

馬場さんは祖父母のことがずっと分からず、それが気がかりになっていた。父親が自分の親（馬場さんの祖父）のことをほとんど話してくれないのを不思議に思っていたが、ある時兄に尋ねてみて、その理由が分かった。馬場さんの兄は、父親から多少とも祖父についての話を聞いていたようである。

それによると、何でも祖父は大阪に出て飲食業で成功したが、最後は破産して田舎に逃げてきたという。そして借金を苦に自分の子供である馬場さんの父を道づれに自殺を図ったらしい。祖父は亡くなったが、幸いにも父親は一命を取り留めた。しかし、身体の一部に傷が残ったことから父は祖父を許すことができず、馬場さんにも祖父のことをほとんど話さなかったことが分かってきた。

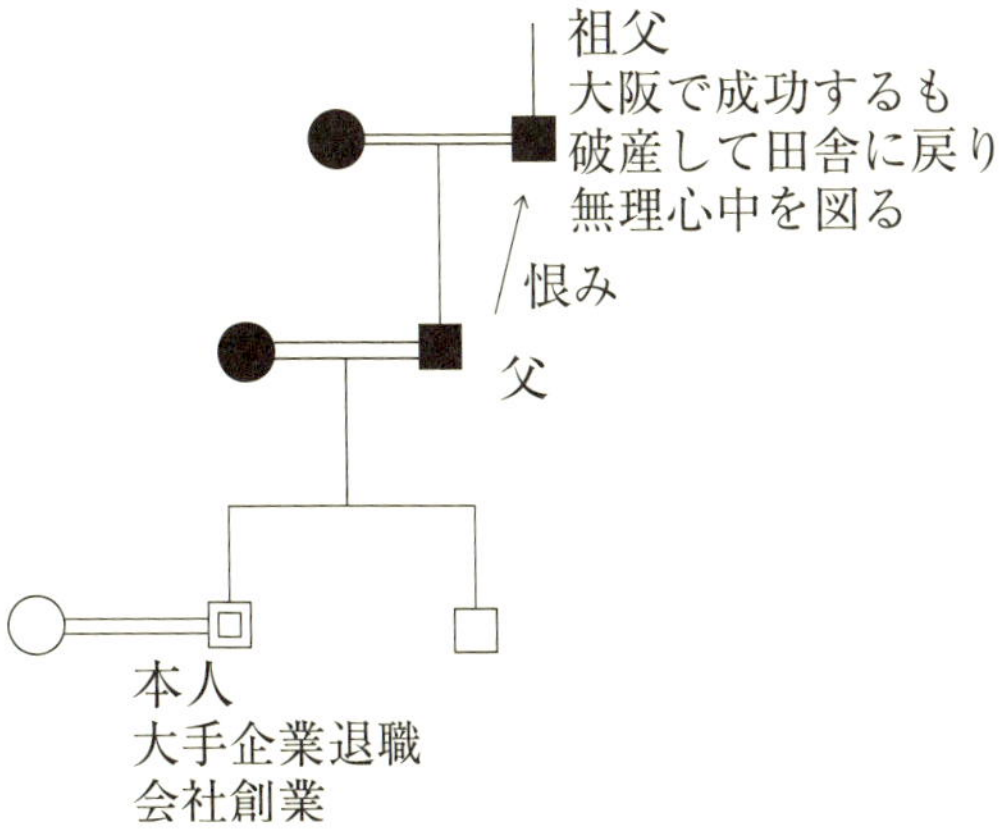

馬場さんは、祖父を含めて先祖のことを全く知らず、家系にも関心がなかったことを申し訳なく思って家系調査を始めた。東京に住んでいる馬場さんは戸籍謄本を取り寄せて祖父が住んでいた場所を調べ、おおよその見当をつけて一月三日に妻を助手席に座らせ車を運転して岐阜県に向かった。

あと数キロで目的地に着くという時、空にきれいな一筋の美しい雲が流れてきたのが車のフロントガラスから見えた。それはこれまで見たこともない美しく彩られた雲で、不思議に思った馬場さんは助手席の夫人に携帯で写真を撮っておくように頼んだ。後になって、この紫雲は祖父が迎えに来てくれたのだと確信することになる。

車のナビは目的地周辺に着いたことを知らせたが、そこは里山のふもとで民家もなく聞く人もいない。仕方がないので車を置いて二人は周辺を歩きながら祖父の住居跡を探していた。すると、駐車しておいた車の方から一人の老人が近づいてきた。東京ナンバーの車を見つけて、何かあったのかと思って近づいてきたという。

何をしているのかと問われたので、自己紹介して祖父が住んでいたところや墓を探していると答えたところ、この辺りはみんな馬場という苗字で自分も馬場姓であるという。そして、馬場さんの祖父のことを知っているといって案内してくれた。五百メートル先に立っている神社の鳥居を指さして、その鳥居は馬場さんの祖父が建てたものと教えてくれた。何と、鳥居に刻んであった建立者は間違いなく祖父の名前であった。しかもこの祠《ほこら》は馬場一族の身内である村人が立派に守り続けているのだという。大阪で成功した祖父が生まれ故郷に錦を飾り、神社に寄進したものに違いないと馬場さんは確信した。その近くには集落の墓もあったが、祖父の墓は残念ながら分からなかったという。

私は馬場さんから携帯で撮影した紫雲を見せていただいたが、とても美しく神秘的だった。家で祀っているという、その導きの雲は「祖父だけでなく馬場一族のご先祖一同が僕を歓迎してくれたものと信じています」といわれる。「毎回、帰省の度に立ち寄るのですが、どんな悪天候でも不思議とそこだけ青空が開けるんです。不思議なんです」と。

古い記録を調べてみたところ、この一族の村は遠く天武《てんむ》天皇や持統《じとう》天皇の頃から宿《しゅく》場町《ばまち》として栄えていたようだ。時代が下《くだ》って、室町時代に土岐《とき》氏に仕えて馬回り役をしていたことから馬場姓をいただいたらしいということも分かってきた。

「わがままな子孫の願いを聞いてくれる氏神が見つかり、生きる理由がはっきりしました。今まで組織のために働いてきた人生から、社会や人々のために自分を生かす生き方をすることを精神的根幹にしています」と馬場さんは力強く語られる。

◉奇跡的な墓守りとの出会い

北海道に住む人には本州から開拓民として移住したため先祖が分からない人が多い。札幌で税理士をされている藤田時人先生もその一人である。

藤田家は祖父母の代に本州から北海道に移住したため、本州に住んでいた先祖のことは全く知らなかった。自分は藤田家の二十五代目になるということを祖父から聞いており、家系に少し関心があった。そして三十歳代半ばに、指導先の経営をみている中で家系の重要性を知り、まず、自分自身の家系を調べることにしたのだという。

戸籍謄本を取り寄せて調べたところ、父方の藤田家は茨城県にあり、祖父の一番下の妹にあたる叔母が健在であることが分かった。藤田さんが早速訪問すると、叔母は「浦島太郎が帰ってきたみたい」といって驚いたという。菩提寺は焼失していたが高祖父の墓を発見、たわしで洗ったところ、祖父から聞かされていた月の文様が墓石に浮かび上がり、先祖との対面を実感したという。藤田さんは墓の脇の土を持ち帰り、札幌の墓に埋葬して家系をつないだ。

岡山出身の母方の祖父については、先祖の地を訪ねたいという藤田先生の話に共鳴した岡山の友人が車で案内してくれた。しかし、詳しい住所が分からなかったので、現地近くから歩いて探そうと車を降りた。そこに一人のお婆さんが立っていたので先祖の墓を探していると尋ねたところ、何と、そのお婆さんが知っているといって案内してくれたのである。そのお婆さんは親戚ではなく、その墓の前が自宅で、「どなたさまのお墓か知らないがずっとお守りしていた」のだという。藤田先生は無縁仏《むえんぼとけ》を長い間守ってくれてきたお婆さんとの奇跡的な出会いに感謝するとともに、「これは先祖が引き合わせてくれたとしか考えようがない」と話される。

◉意味ある偶然の出会い

先に紹介した福島県いわき市の公益財団法人磐城済生会の松村理事長は、家系調査を進める途中で「意味ある偶然の出会い」に遭遇したという。

ある時、父親と理事長の時間がともにあき、家系調査のために菩提寺を訪ねた。寺の過去帳で玄祖父の切腹した日（磐城平藩落城の日）を開いて見ていた時、過去帳の中央綴じ代のところに玄祖父の名前と戒名を見つけ、父と二人で大きな感動を覚えた。後日、両親と妻で過去帳を見るために菩提寺を再度訪ねた。松村理事長は一度見ているからと、一人お寺の境内の墓石を見ていた。

そこへ一人の老人がとおりかかり、何を探しているのかを尋ねられたので、磐城平藩落城のおり切腹して果てた松村家の玄祖父のお墓を探している旨を話したところ、老人は、そのお墓ならこちらにあると、大きなお墓の裏の一角に案内してくれた。そこで小さな苔《こけ》むした玄祖父の墓石に巡り合うことができた。

もし、その日、その時間の機会を逃したならばその老人との出会いはなく、調査は進まなかったに違いない。これは「意味ある偶然の出会い」であり、あたかも祖先からの隠されたメッセージであると感じたと松村理事長は述べられている。「意味ある偶然の一致」とはユングのいう「シンクロニシティー＝共時性」であり、先祖とつながることにより何か目に見えない働きが導いてくれたものであろう。

4　徳・不徳を発見する

◉徳・不徳の内容を明らかにする

家系図を書いて先祖の人の生きざまが見えてきたら、次のステップは家に流れている「徳」「不徳」を明らかにする。

「徳」の持つ要素の一つは「善なる行いとして他人に恩恵を施し、自らにも福をもたらす行為」で、例えば長命、仲が良い、人間関係が良い、仕事や経済に恵まれた、慕われた、人の相談に乗った、陰徳を積んだ、など。他方「不徳」の持つ要素の一つは「他人に対して悲しみや苦しみをもたらし、自らも不幸を招く行為」で、例えば短命、

特徴	徳	不徳
性格	人に好かれた、温厚、努力家、慕われた	嫌われた、激しい気性
役立ち	親切にした、相談に乗った、助けた、寄付した	迷惑をかけた
仕事	業績が良い、信用が高い、商品開発をした	破綻した、借金を踏み倒した
経済	裕福、蓄財	貧乏した
人間関係	円満、慕われた	争いが多かった
健康	長命	短命、病気がち

事故死、離婚、嫁姑の不仲、仕事の失敗、破産、多大な借金、人に迷惑をかけた、などである。上はその一例を示したものである。

◉因果関係を推測する

徳・不徳をみる時には、併せて因果関係を考えることが大切である。

親・祖先の徳は子孫に受け継がれて子孫の幸せのもとになる。また、親・祖先の徳を受け継ぐほど人は成長する。反対に不徳は子孫の苦しみや悲しみの原因となりやすい。

親・祖先の徳は子孫にとっても徳になるのが普通であるが、その徳に甘えていたり、また、その徳を自分の力だと錯覚し過信してしまうと失敗する。すなわち徳が不徳に転じてしまう。反対に、親・祖先の不徳は子孫の不徳の原因となるが、先祖の不徳を反面教師として自分たちが同じような苦しみを味わうことがないよう努力をすることで不徳を徳に転じることもできる。まさに「禍《わざわい》を転じて福となす」である。

因果関係につながる生きざまは、

・親子の関係（愛された／嫌われた、邪魔にされた）
・夫婦の関係（愛情、信頼、尊敬／不和、対立、離婚）
・仕事の状況（繁栄、信用／倒産、悪い風評）
・経済状態（裕福／貧乏、極貧）
・健康、寿命（健康、長寿／病気、短命、事故死）
・人間関係（良い仲間、良い師／悪い仲間、孤独）
・性格（温厚、指導性／短気、暴力、依存、自己中心性）

などを考慮して、これらが先祖の徳や不徳の形成にどのような影響を与えたのかを推測する。併せて、それが自分にどのように受け継がれているか考えてみる。

徳・不徳が先祖の因果関係として見えてくると、その家のストーリーが浮かび上がってくる。人生はドラマだといわれるが、ドラマに筋書きがあるように、私たちの人生もまた先祖が書いたシナリオに従っている面が少なくない。

◉家のストーリーを読む

Kさんの祖父は不動産の仕事をしていたが、人に騙されて借金を残したまま他界した。長男であったKさんの父はサラリーマン生活では借金を返し切れないと考え、屑《くず》鉄《てつ》などの廃品回収業をしながら何とか借金を返済した。

その後、父の働きを高く評価してくれた得意先の社長の斡旋《あっせん》で、その得意先の下請けとして小さな板金《ばんきん》業を営むようになった。当初はなかなかうまくいかなかったが、次第に事業は回るようになった。しかし、社員が数人になった頃、大きなクレームを出したことが原因で仕事が減り廃業した。Kさんが高校三年生の時である。

Kさんは大学を卒業して自動車ディーラーに入り、車の営業をしながら整備士の資格も取った。子供の頃から父親の板金工場で遊びながら育ったKさんは自分で事業をしたいという気持ちを抑えきれず、やがて中古車販売の仕事で独立する。しかし創業から十年余りが経ち従業員が十人になった頃、従業員の不正がもとで倒産の危機に

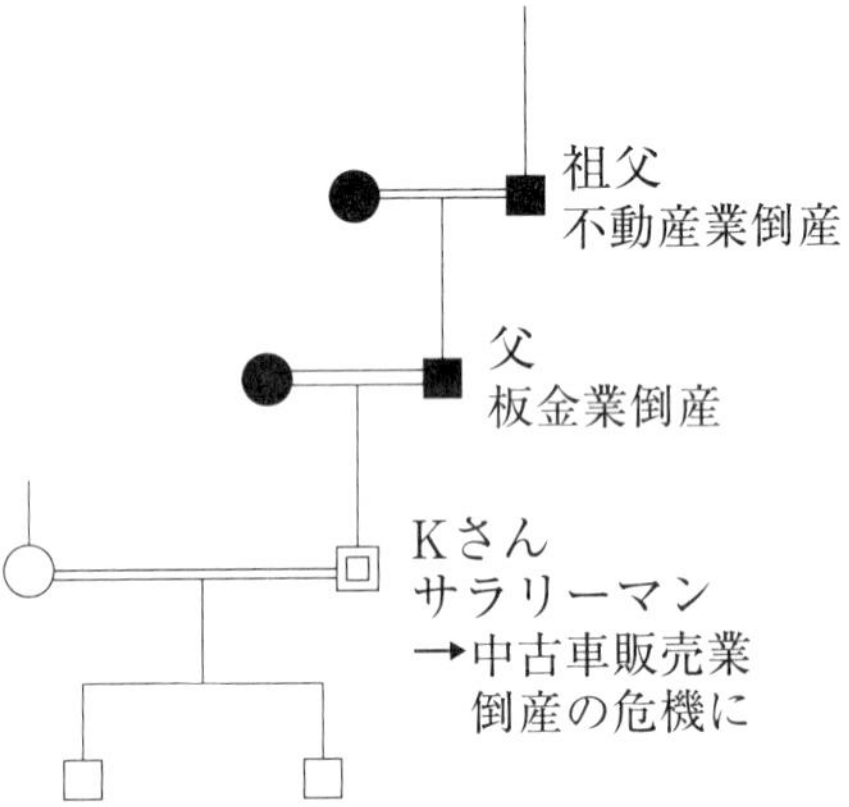

陥った。

Kさんはなぜ三代にわたり会社が危機に陥ったのかを掘り下げて考えた。調べて分かったことは、祖父が営んでいた不動産の仕事はかなり手荒な商売だったようで、親戚の中には、騙されたのはどうも自業自得ではないかと露骨にいう人もいた。そんな祖父を見ていたのか、父はコツコツとまじめに仕事をし、板金の仕事で信用を得てきた。とはいえ、自分たちの生活を維持するのがやっとで、社員の育成や仕事の品質を高める努力よりは売上げや利益を上げることに精いっぱいで、結果として大きなクレームにつながってしまったことが分かった。

こうした中でKさんはサラリーマンから中古車販売で独立の道を歩むわけだが、ずっと心にあったのは、祖父や父のように倒産や廃業は繰り返してはならないということだった。さまざまな勉強会に参加して学ぶにつれて、祖父も父もお客様の満足より自分の利益を優先していたことが行き詰まりの原因ではないかと思うようになった。

グレーゾーンの中で仕事をしてきた祖父、その反省から正直に経営してきたが会社の売上利益が中心にならざるを得なかった父。その失敗を受けてＫさんは、地域に貢献する経営を目指さなければならない、と心に決めたのである。それは家のストーリーから見えた結論であった。

祖父	→	父	→	Ｋさん
荒い商売		**正直だが利益中心**		**業界・地域に尽くす**

そしてＫさんは同業者仲間と勉強会を立ち上げ、先頭に立って業界秩序を確立すべく活動を始めた。また、社内では社員教育を中心に据えて参加型経営を推進し、全国から同業者が見学にくる会社にまで成長していったのである。

◉歴史を語り継ぐ

家系分析の目的は家の歴史を明らかにするだけではない。日本の歴史や文化を後の世代に受け継ぐという大きな使命もある。戦争体験や震災体験は先祖の誰もが経験していることだが、時を経るに従って忘れられていく。東日本大震災に伴う津波体験でさえすでに風化が始まっている。

悲惨な体験を二度と繰り返さないために戦争体験を後世代に語り継ぐことは私たちの大きな使命だ。戦後七十年が経過し、終戦当時最年少であったゼロ戦のパイロットでさえ九十歳を迎え、あと十余年もすれば戦争体験者は存在しなくなる。先祖のご苦労を忘れることなく、子・孫に語り継がなくてはならない。

Tさんの祖父はシベリアで抑留《よくりゅう》生活を送ったが、帰国後もシベリアでの話をほとんどしなかったという。また秘密警察の仕事をしていたというUさんの父は、話すことに身の危険を感じていたらしく話したがらなかったという。そこにどんな思いがあったかは想像するしかないが、分かっていることだけでも伝えていくことは私たちの役目といえるだろう。

◉『永遠のゼロ』にみる家系分析

ベストセラーとなった『永遠のゼロ』は、作家、百《ひゃく》田《た》尚《なお》樹《き》氏が今の若者に戦争の事実を知ってもらいたいという思いが執筆の動機だったという。

あらすじを紹介しよう。

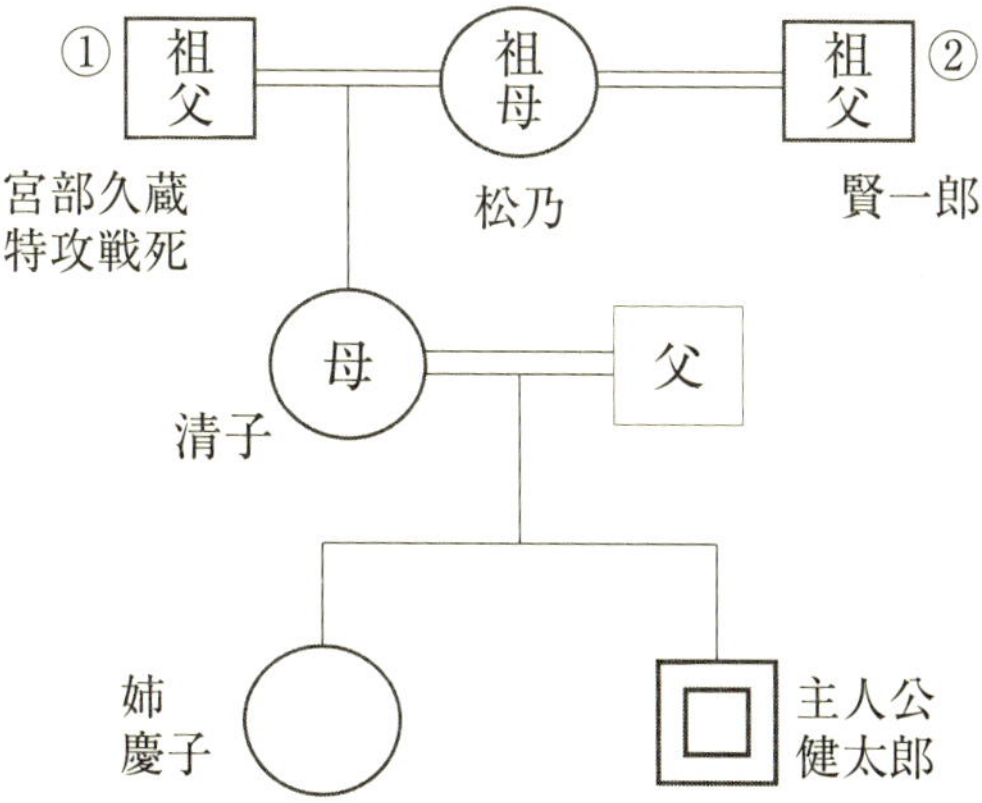

大学生の佐伯健太郎と出版社に勤める姉の慶子は、亡くなった祖母・松乃の四十九日法要の後、祖母の後添えの夫である賢一郎から「自分は健太郎、慶子の実の祖父ではない」と知らされる。実の祖父である宮部久蔵は第二次世界大戦終戦間際に特攻で戦死した海軍航空兵だったという。その後、祖母松乃は自分たち二人の母清子を連れて賢一郎と再婚したのだ。

それから六年後、弁護士試験に合格できず人生の目標を見失っていた健太郎は、フリーライターとなった姉の慶子から、新聞社が主宰する終戦六十周年記念プロジェクトのアシスタントを頼まれる。プロジェクトを進める高山は神風特攻隊のことをテロリストだと語るが、その考えに釈然としない慶子は、この機会に特攻隊員だった実の祖父について調べようと決めた。健太郎と慶子は、わずかな情報をもとに祖父の足取りを追いはじめる。

祖父の名は宮部久蔵。大正八年生まれ。昭和九年に海軍に入隊、昭和二十年に南西諸島沖にて享年二十六歳で戦死したことしか分かっていなかった。そこで、厚生労働省や方々《ほうぼう》の戦友会に連絡を取ったところ、生存者が九人いることが分かり、それらの人を訪ねる。しかし、最初の生存者は祖父のことを「海軍航空隊で一番の臆病者」「何よりも命を惜しむ男だった」と蔑《さげす》んだ。健太郎は〝臆病者〟という言葉が自分に向かっていわれたのではないかと感じた。「なぜならぼく自身がいつも逃げていたからだ。ぼくには祖父の血が流れていたのか……」と戸惑いが生まれる。

健太郎は元戦友から聞く祖父の話に困惑しながらも、久蔵がどんな青年だったのか知りたいと母から頼まれたこともあり、さらに手がかりとなる海軍従軍者たちを訪ね歩く。だが、生前の久蔵を知る者たちの語ることはそれぞれに違っており、調べるほどにその人物像は謎に包まれていた。戸惑いつつも二人は、国のために命を捧げるのが当然だったといわれる戦時下の日本と、そこに生きた人々の真実を知っていく。祖父がゼロ戦の天才パイロットだったこと、卑怯者、臆病者と罵《ののし》られても「何としても生きて家族のもとに帰りたい」「娘に会うまでは死なない」と、妻松乃との約束を守り続けていたことが明らかになる。健太郎と慶子は、終戦から六十年を経て初めて祖父の本当の心を知り、祖父の生き方に誇りと尊敬の念を持つようになった。先祖のことを全く知らなくとも家系を調べることで先祖の遺志を継承できるということを感じさせる小説である。

5　徳の継承と不徳の浄化

◉親・祖先の徳を継承する

親・祖先の徳を継承するには、親・祖先の喜びを共有し、讃え、感謝し、受け継ぐ努力をすればよい。そのためには何よりも親・祖先の徳を知ることである。そして先祖の徳を讃え、自分にも受け継がれていることに感謝する。自分の長所が先祖のおかげさまという感謝の念が深まるほど人は謙虚になり、周囲からの信頼は厚くなるものである。

ところが、自分の長所が先祖から受け継がれたものであることを分かっていない人が非常に多い。家系を調査して初めてそのことに気づくと、皆びっくりする。長所を知り伸ばすことは短所を抑えることよりやさしく、かつ重要なことである。

経営コンサルタントで㈱船井総合研究所の創業者である船井幸雄氏の極意は長所伸展法だったという。一般の経営コンサルタントが経営診断で問題点を指摘するのに対して、船井氏はどんな会社の相談にあずかっても長所を見て讃え、その長所を会社の発展につなげる指導だけをしていたという。会社も人が経営するものである以上、同じであって当然である。

また、良い因子を受け継いでいても顕在化していないこともある。父親似、母親似という言葉があるように、両親の子であっても父・母のいずれかの影響がより強いことが多い。しかし、どちらかの因子を受け継いでいないということはない。顕在化していないだけなのであろう。そこで、先祖の長所を自分も「受け継いでいる」と強く自覚することで遺伝子がスイッチ・オンし、その能力が発揮されることがあって何も不思議はない。

家系分析をしたら、自分の生き方や携わっている仕事が先祖とそっくりでびっくりしたという人は少なくない。そのことに気づいていっそう自信を強くしたという人も数多い。

◉使命は受け継がれる

某大手企業の事業開発を任されているK所長は、これまで自分の家系に触れることにためらいがあった。それは祖父が私生児であったこと、そのため祖父が曾祖父の話をすることはほとんどなかったからだ。曾祖父は実業家だったらしいが、料亭の娘との間に生まれた祖父は籍に入れてもらえず母の手一つで育てられたと聞いたことがあった。

父親の介護のためにいったん会社を辞めたK所長は、父の病気が回復してから再び事業開発の仕事に就くことになるが、その折に家系分析の重要性を教えられ、改めて父から昔の話を聞いてみた。そして次のことが分かった。

曾祖母が地元の大地主に嫁いだために、祖父は家を出て染色職人のもとに丁稚に入った。努力家だった祖父はやがてその店で一番の腕利き染色職人となり、お客様か

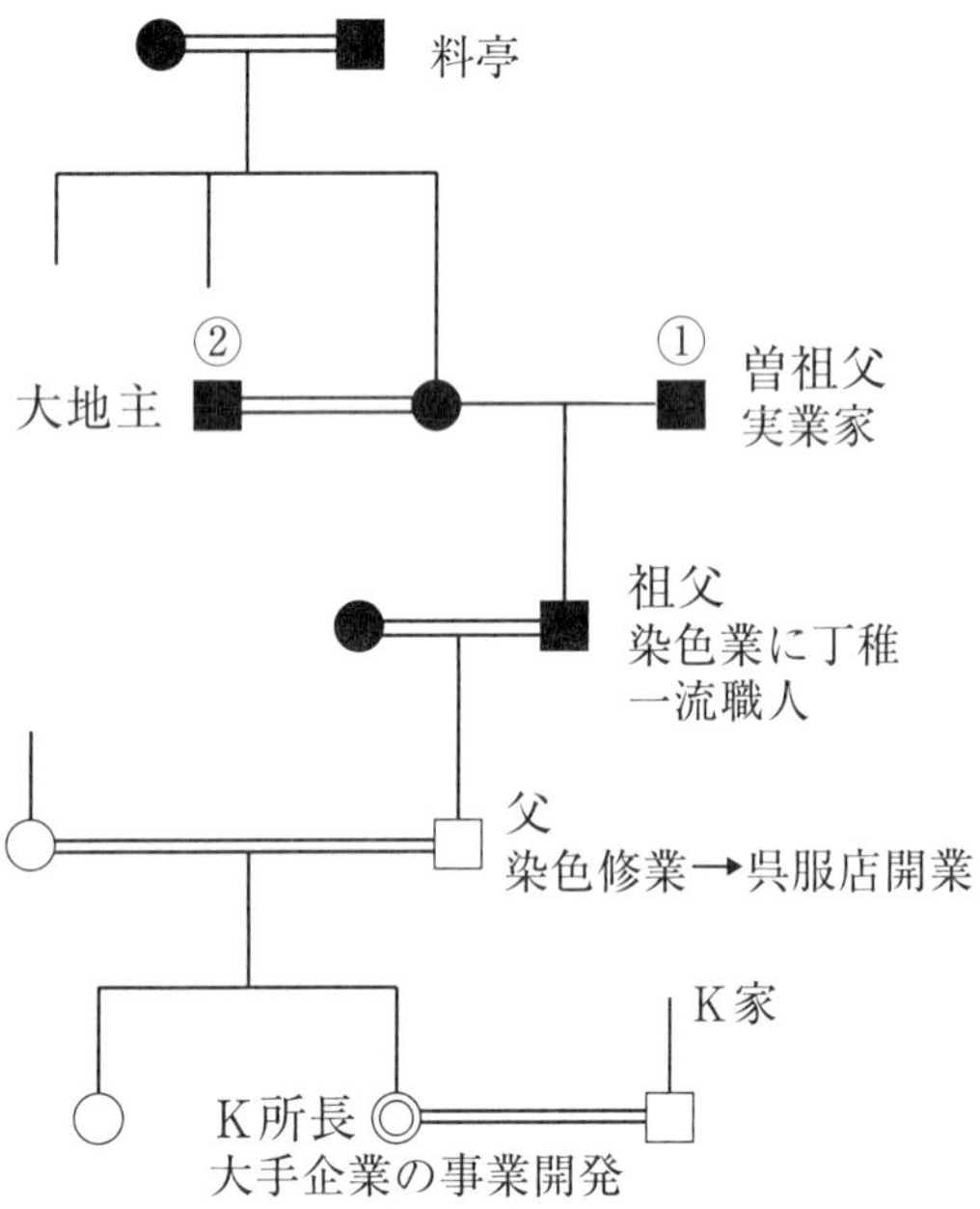

ら指名で仕事を受けるようになる。自信を深めた祖父は、中学を出たばかりの父を染色職人の道に入れ、他の弟子と同様に厳しく教えた。やがて父も染色の一流職人としてお客様からの評判が高まり上流のお客様がつくようになっていった。

祖父も父も研究心旺盛《おうせい》で染色の仕事だけでなく、柄染《がらぞ》め、家紋染め、しみ抜き、仕立て、洗い張りなどを学んだ。そして、父が押しも押されもしない腕利き職人に成長したのを見届けた祖父は、父とともに着物の専門業種を統合した新しい業態ともいえる呉服店を親子で開業したのである（図参照）。

当時、着物を購入したいお客様はそれぞれの専門業者を順番に訪ね、一着の着物にしていったという。K所長の祖父と父は、こうした分業体制の呉服業態を呉服店という今でいうワンストップビジネスにまとめ、高付加価値経営に乗り出したのであった。

この事実を知ってK所長は、今自分が携わっている消費財の開発という仕事がまさに祖父と父がやってきた業態開発と同じであることに驚きを覚えた。子供たちに呉服の道に入ることを強制することなく、職業は自分で決めよという父の言葉に甘えて、K所長は大学卒業後、大手企業に就職した。しかし、今になって、父の本当の心は呉服の世界に入ってほしかったのかとも思う。

道は違えども「世の中に新しい社会的価値を生み出す」という今の事業開発の仕事はまったく祖父や父と同じ道である。そして「腕利き」や「今まで市場になかった価値を創造する」という徳が自分に間違いなく受け継がれているという自信を深めた。

K所長は家系分析によって祖父と父の苦労と努力を初めて知った。そして、その長所が自分に脈々と受け継がれていることが分かった時、涙がポロポロ流れたという。

◉不徳を浄化・抑制する

親・祖先の不徳については苦しみ悲しみを共有し、慰霊するとともに縁を近づけず、反面教師として受け継がない努力をする。

まず先祖の苦しみや悲しみなど、その心情を共有することが大切である。どんなに辛かったろう、寂しかっただろうという思いを理解してあげることである。悲しみは分かち合うことで半減するという。理解が深まるほど、そうしたご苦労の中で子供たちを育ててくれたことに感謝の気持ちが深まるはずである。

慰霊の方法はそれぞれの宗教や習慣に従い、法要、廻向、墓参、鎮魂式、祈禱《きとう》などをされるのがよい。ただし、この場合でも寺や神社任せにするのではなく、先祖の苦しみや悲しみを思い、やすらかなご冥福を願う心を持つことが大切である。

また、反面教師として先祖のご苦労を繰り返さない努力をすることも大切である。このために悪い縁を近づけない、縁を切るということを考える必要がある。

◉実生活での生かし方

徳を継承し不徳を浄化・抑制するには、その決意を固め実践すべき行動に落とし込み、毎日の日常生活の中で実践することが大切である。その行動が人間力を育んでいくことになる。

具体的な実践項目としてはさまざまな行動が考えられる。以下に一例を掲げたので参考にされたい。

★慰霊。定期的な墓参や法要など慰霊の実施。

★人生指針や家訓の策定。

★自分の行動規範の確立。例えば、挨拶の励行、朝起き、就寝時間など規則正しい生活、学習、健康管理など。

★家族のコミュニケーション、夫婦での会話、親戚の訪問など。

★仕事上の目標設定。経営理念や経営方針等への盛り込み、行動指針の制定など。

なお、最終ページに、私が家系分析の研修に使用している三枚のシート（四代家系図シート、四代の生きざま調査シート、徳・不徳の分析シート）を添付したので活用されたい。

6　家族史を編纂する

家系分析の結果は「○○家史」としてまとめておくとよい。それは先祖があって自分があるというおかげさまの心をいっそう強めてくれる。祖先の願いや期待が自分自身の生き方の拠り所となるというだけでなく、子供や孫へ継承することにつながるし、兄弟親戚も喜んでくれる。

私の場合、両親の生涯を中心に置き、分かる限りの先祖の生きざま情報を入れてA4用紙にまとめ、随所に両親、祖父母の写真をちりばめながら四十四頁の「天明家史」として市販のファイルを使って簡易製本した。参考までに、その冊子写真と大目次を掲げておく。

★天明家史　大目次

1、天明家家系図
2、天明家先祖
3、父靍吉の青年時代
4、母方渡辺家の先祖
5、母タメの少女時代
6、父靍吉・母タメの生涯
　＊結婚前後（大正 15 年）
　＊新井宿・徳持時代（大正 15 年～昭和 12 年）
　＊戦前：鵜の木時代（昭和 12 年～ 20 年）
　＊第二次世界大戦と疎開（昭和 20 年）
　＊戦後：鵜の木時代（昭和 21 年～）
　＊晩年
7、天明家の遠祖
8、結び
9、資料
　　①　旧天明家敷地見取図と間取り
　　②　久が原栄通り商店街概図
　　③　天明家年表
　　④　靍吉・タメ年齢交叉年表

第4章
生き方のステージが変わる
―家系分析の実際―

1　先祖につながったら運が味方した

◉苦悩の末に廃業を決意

菓子の卸売業を経営していた石黒文夫社長は業績不振が続き、このままでは倒産しかねないことに加えて後継者もいないので残念ながら廃業するしかないと、夫人を伴って相談に来られた。伺っていくと、社長の父親はパン工場を経営していたが時代の変化についていけず倒産したという。

「父の会社が苦しかった小学低学年の頃から寒い日も暖かい日も、毎日早朝から仕事を手伝わされ、特に真冬に手が凍り付くほど寒い日の手伝いが大変でした、高校生になっても手伝いは続きましたが何とか大学は行かせてくれました」と涙を拭われた。

会社の経理を担当されている夫人の父親も町の中心街で衣料品店を経営していたが、この衣料品店もだんだんと衰退して廃業に至ったという。

◉お墓参りが転機となる

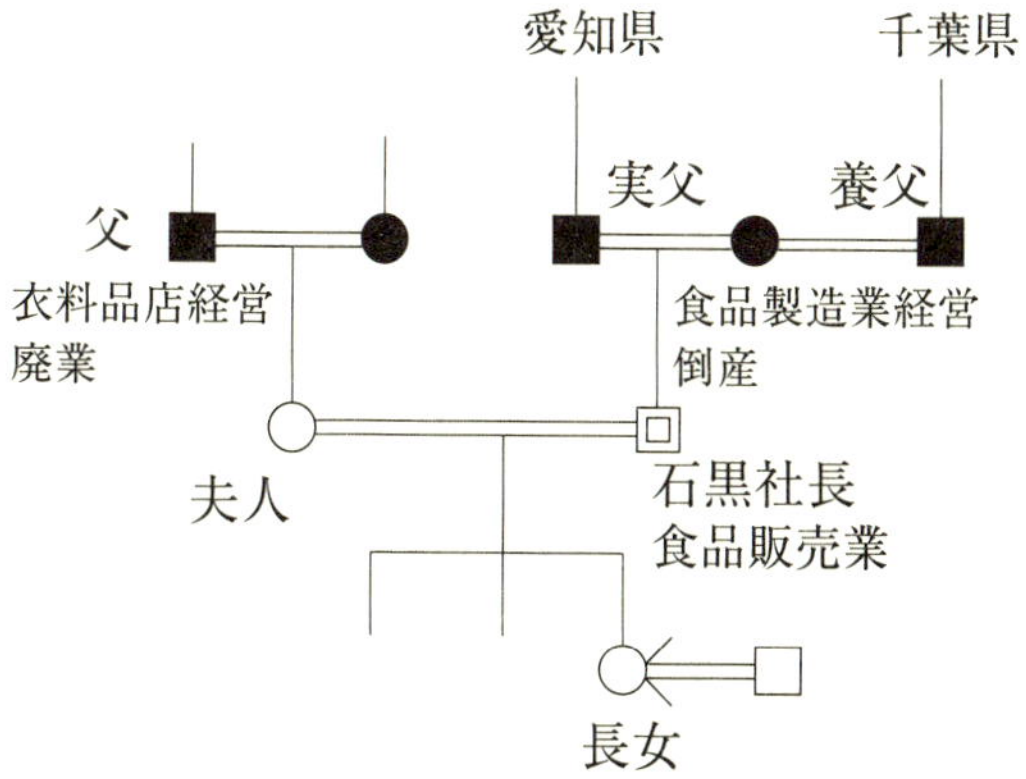

「ところで社長、祖先の墓参りはしていますか」と質問すると、「実父と養父はしていますが母の再婚で実父と養父も祖先のお墓はお参りしたことがありません」という返事。私は感じたまま石黒社長に「このままでいけばいずれ倒産するでしょう。廃業するなら早いほうがいいですよ」と伝え、重ねて「社長のお父さんも、奥様のお父さんも会社を閉じられていますね。家系は繰り返すケースが多いんですよ」と申し上げた。

自分の父親も妻の父親もともに会社を続けられなかったことを石黒社長は知っていたが、これまで一度たりとも、それが今の経営につながっているとは考えてもみなかったと驚かれた。

非常にまじめで誠実なご夫妻は早速墓参に行かれ、二週間ほどして報告に来られた。石黒社長の実父は社長が小さい時に戦死され、養父に育てられた。そこでご夫婦で名古屋と千葉に、石黒家の実父と養父のお墓参りをしてきたこと、お墓を洗っていたら涙がこぼれ止まらなかったこと、先祖に心からお詫びをしたこと、心が洗われたこと、などなど。そして「会社を立派にしてみせます」と明るく元気に帰られた。

それから一年ほどして同社はM&Aで同業者に譲られることとなった。その条件は石黒社長の希望がほとんど受け入れられ、社員全員が譲渡先の会社に移籍することができた。社屋も在庫商品も売掛金もそのまま受け継いでくれたので、お得意様にも社員にも大きな迷惑をかけることなく譲渡先企業に引き継がれた。

◉新しい事業に進出

石黒社長は半年ほど充電期間だといってあちこち市場調査をしていたが、やがて手元に残った資金をもとに新たな食品販売の仕事を始めた。社長夫人とお嬢さん方も手伝って家族ぐるみの経営としてスタート。これが順調に成長して町の話題企業となり、支店を次々と出店することとなった。そのうちに石黒夫妻の長女が結婚することとなり、そのご主人が会社を継ぐ見通しも出てきた。社長夫妻は後継者ができたと喜びを隠しきれない。

以来、お会いするたびに石黒社長は「先祖のおかげさまで経営させていただいているという気持ちがすっぽりと抜け落ちていました。お墓参りをして以来、本当に運が味方してくれるとしかいいようもないほど、おかげさまでいい方向に向かっていきます」と喜びの報告をされる。

墓参を通して親・祖先に無関心でいた自分を反省し、親・祖先につながった時からサムシング・グレートが味方してくれるようになったにちがいない。

2　代々の家族愛、地域愛が生きる

◉居場所がなかった日々

中部地方を本拠とするQ物流㈱は、従業員数二百人、資本金一億円。国内大手メーカーや商社の物流業務を一手に引き受ける「サード・パーティー・ロジスティクス」で成長してきた会社だ。三代目となるQ社長は、大学卒業後、金融機関での勤務を経て祖父と父が創業した会社に就職するが、これといった特別な仕事は与えられず、自分なりに、まず現場を覚えようと思い倉庫の仕事から始めた。

そんな時にアメリカに子会社をつくる話が持ち上がった。Qさんは国際物流業務を広げるという使命を持って米国子会社の責任者としてアメリカに赴任する。片言英語で頑張りぬいた七年間は大きな経験として後に生きてくるのだが、その時は、得意先の米国撤退に伴い同社も撤退せざるを得なくなり、日本に戻ってきた。しかし、日本に帰ってきても自分には確かな居場所が見つからず、Qさんは疎外感を感じていた。人を責めるわけではないが、どうも周囲が冷たく感じられたという。

「事業環境は良いだけに、何とか会社組織を強固にして積極的な経営戦略を打ち出したい……」そんな思いは強まり、アメリカ赴任中にたまたま本屋で見つけた私の本を思い出して訪ねていただいたのが私とQ社長のご縁の始まりだった。

◉母は愛してくれていた……

当時、私は宮城大学に勤務していた関係で十分な時間が取れなかったことから、私が修業した前の職場である日本創造経営協会（現・一般社団法人）をQさんにご紹介した。Qさんはそこで先生から、「会社に居場所を感じられないのも、会社の仲間に溶け込めないのも自分自身の問題である」と指摘され、何よりもまず自分自身を客観的に知ること、そして自分から変わることを諭された。その具体的手法が家系分析だった。Ｑさんは家系分析で初めて母心に触れ自分の思い違いに気づかされることになる。

Ｑさんが幼少の時に両親は離婚しており、Ｑさんは祖母に育てられてきた。最後に母と別れた日、タクシーで家を出たお母さんを走って追いかけたことを思い出した。必死に走ったがタクシーに追いつけるはずはなく、力尽きてその場にうずくまってしまう。祖母が迎えに来て家に戻る時の悲しさ、悔しさを昨日のことのように思い出したという。

涙ぐむＱさんに先生は「お辛かったでしょうね。でも、あの時の、タクシーの中からあなたを見送っていたお母さんの気持ちを考えたことがありますか？」と問われて愕然とする。母の立場に立って考えたことが一度もなかったことに気づかされたのである。なぜ母は出て行ったのか。幼少の自分を残して出て行った母の悲しみは幾ばくだったか……。涙がとめどなく流れた。初めて母の愛を感じることができた瞬間である。

相手の立場に立って考えてみると、会社で自分の邪魔をしてきたと思っていた先輩や仲間の言い分や行動も理解できるようになった。自分が至らなかったということにだんだんと気づくようになったという。

◉家族愛と地域愛に貫かれた家と会社

Q物流の創業者は祖父だが、祖父は資金提供者であり、実質的には父が中心となって動いてきた。

創業者である祖父は農業を営むQ家に養子として入った。祖父は努力の人で田畑を増やしたが、夫婦に子が授からなかったことから父を養子として受け入れた。厳しい祖父の元で父も歯を食いしばって昼夜を問わず働き続けたという。

祖父母も父母も共に地元の人ではなく、他の土地から入ってきたために、「一日も早くこの家に、この土地に受け入れてもらえるよう」にという気持ちで必死に働いた。「その家の人となるためにその家に尽くす、その土地の人となるためにその土地に尽くす」ことは祖父母にとっても両親にとっても大切な生き方だった。それがQ家とQ物流に流れる「家族愛、郷土愛」の理念となっていくのである。

当時、近代化の波は中部地方の田舎にも押し寄せ、先見の明があった父はこの地域が大きく開発されていくことを察知し、農業から運送業へと転身を図った。事業資金は祖父が命がけで守ってきた土地を売って作ってくれた。その資本をもとに、父は運送業から倉庫業、引っ越し業など事業を拡大してきた。そんな時にＱさんは大学卒業後、地元銀行を経て父の会社に入ったのである。

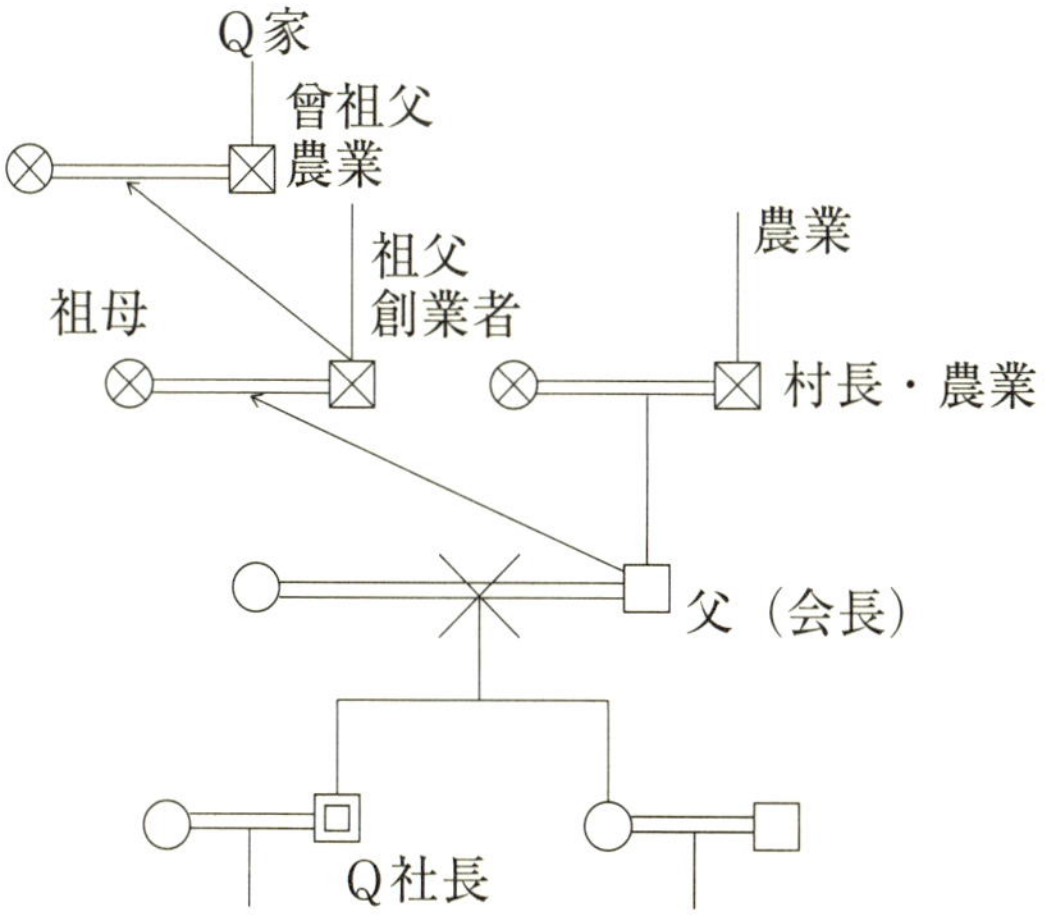

アメリカから戻ってきても自分の居場所がなく、また、父親の方針にも納得がいかず反発を感じることも少なくなかったが、家系分析によって本当の父と祖父を知ることができた。よそものであった祖父と父の生き方や経営の中に「家族愛、郷土愛」が流れていることを知って初めて反発心が理解に、理解から信頼・尊敬へと父母への気持ちが深まっていったという。

◉父の偉大さを実感

とりわけ父の偉大さを発見したのは父が勲章を受けた時であった。Qさんはその祝賀会の運営を取り仕切ったのだが、その時に改めて父の事業歴を調べ直した。そして父の偉大さに驚いた。開発が進もうとしている地域の将来を見越して運送業、倉庫業に進出し、荷主と新たな物流システムを作り上げてきたその先見性、行動力、大手荷主に対する提案営業力、そして何よりも業界をまとめてきた指導力に改めて父の偉大さを感じたという。

Q家は曾祖父母にも祖父母にも子が授からなかったが、両親の代で初めて男子が誕生した。事業継承者として生まれた自分がこの事業を通して社会に貢献していくにあたって、「いろいろな事業を展開してきたが、一貫して流れているのは〝家族愛、郷土愛〟であり、そこにすべてが収斂《しゅうれん》している。会社経営は本質的に人を幸せにすること」と言い切るQ社長は、自分に目を開かせてくれた家系分析を人づくり経営の根幹に据えて人材育成を進めている。

創業五十周年を機に経営権を継承すべく、地元の神社にて役員幹部二十余名で「事業継承式」を執り行った。併せて、未来にわたる企業生命を正しく継承し社員一人ひとりの幸せと会社の健やかなる発展に向け、感謝と祈りを結ぶ場所として「Q物流利《り》生塔《しょうとう》」を建立《こんりゅう》した。これを機に新たな経営理念を制定し、来《きた》るべき百年に向けたQ社長の挑戦が始まっている。

3　子供が教えてくれた〝忘れられた先祖〟

◉第一子が未熟児、第二子が流産

本章の最後に、私自身の家系分析について話したい。

私は七人兄弟の下から二番目。妻との間に一人の流産と四人の子供がある（次頁図）。第一子は千九百四十九グラムの未熟児で生まれ、第二子は流産した。二人の子供が犠牲になり、親として何とかしなければと私たち夫婦は焦っていた。それまでも家系図を書いてはいたが、真剣に家系を分析したのはこの時であった。

第一子の未熟児と第二子の流産の原因は痛いほど分かっていた。それは、結婚当初から妻と私の父親との確執が続いていたことにあった。

私の父親（靍吉）は明治三十二年東京生まれ、若い頃は魚の行商で資金を貯め、二

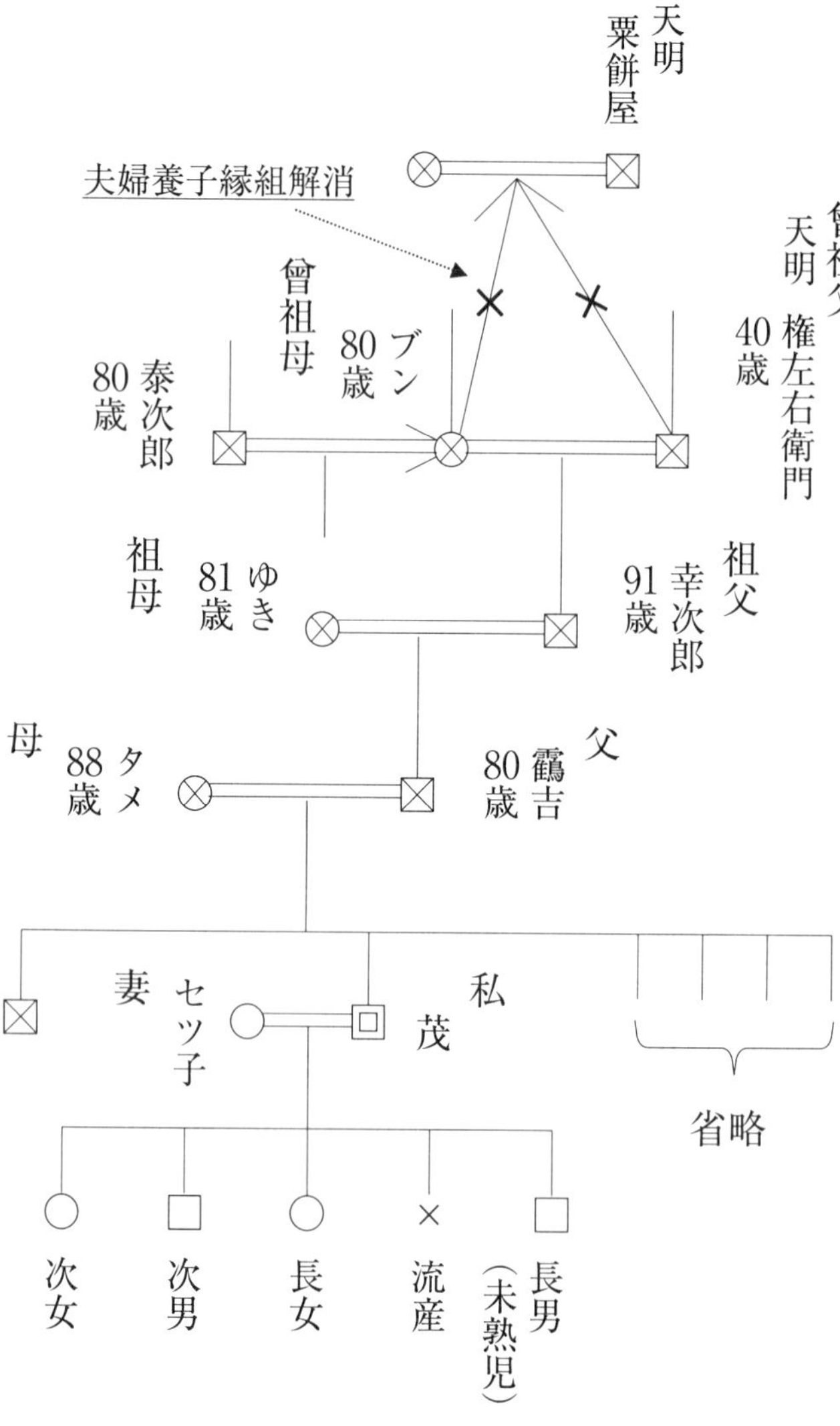
天明
粟餅屋
夫婦養子縁組解消
曾祖父
天明 権左右衛門
40歳
曾祖母
ブン
80歳
泰次郎
80歳
祖父
幸次郎
91歳
祖母
ゆき
81歳
父
靍吉
80歳
母
タメ
88歳
私
茂
妻
セツ子
省略
次女
次男
長女
流産
長男
（未熟児）

十八歳で結婚して鮮魚店を持った。生涯魚屋として働き続け、八十歳で肺ガン死。性格は努力家であるが、比較的言葉少なく、あまり人付き合いは多くなかった。陰険というわけではないが、世辞はいわずハッキリものをいう。しばしば皮肉もいう（実は、この皮肉屋の性格が私にそっくり受け継がれているのだが）。一方、私の妻セツ子は東京下町の下駄屋の娘で天真爛漫《てんしんらんまん》、まるで正反対の性格なのである。

●父親と嫁との確執

妻と父の確執は新婚旅行から帰ってきた時から始まっている。妻は私の両親に新婚旅行の報告をしたのだが、私の父親はあまり聞いてもくれず、そっぽを向くような姿勢で怖い顔をしていたという。妻は何が原因で父が不機嫌でいるのか分からずびっくりしたらしい。以来、「今日はお父さんのために作った料理をちっとも食べてくれなかった」「今日はこんな皮肉をいわれた」「何も話をしてくれなかった」などなど、何かにつけて父親とは会話が成立しないような状況が続いた。

もともと無口でお世辞をいえない父親にしてみると、取り立てて気を悪くしているわけではないのだが、妻にしてみると怖くて神経がすり減る毎日だったらしい。私が仕事から帰ると妻は愚痴をこぼした。しかし、私としてもなすすべがない。というより仕事で疲れているし、妻の愚痴を聞くのもおっくうだった。妻は「あなたは冷たい」「思いやりがない」と私を責めた。そんな状態が長く続いた。それが第一子の未熟児、二番目が流産の原因であることは分かりすぎるほど分かっていた。

一般的に嫁姑の争いが多いのだが、私の母親（タメ）は長兄の嫁との間でお互いに気苦労が多かったようだ。その学習効果があったためか、妻とはとても仲良くやってくれたことが私たちにとってせめてもの救いであった。

それにしても未熟児や流産という犠牲は何としても止めなければいけない。どうしていいか分からず、困った私たち夫婦は仲人でもある恩師に相談に行った。恩師は家の継承を何よりも大切に考えていたので、こんな相談に行ったらとてつもなく叱られるに違いないと覚悟を決めて行ったところが、「君たちな、ご両親と別々に暮らす方法もあるよ」と、思いがけずやさしい言葉をかけられてびっくりした。

しかしその時、私は「絶対に両親と別れて暮らしてはいけない」と思った。帰り道、妻も同じことを思ったと話した。これで決まった。真剣に家系分析をしよう、と。

◉家系に流れる悲しみを整理

私は改めて天明の家系を調べ直した。妻も協力してくれ、一緒にお寺に行ったり墓石を調べたりした。そして分かったことは以下のようなことであった。何と、天明家では代々、嫁姑の確執が続いていたのである。

①曾祖父母夫妻（権左右衛門・ブン）は粟餅屋の天明という家に夫婦養子に入ったものの、嫁姑の対立が原因で養子縁組を解消していること。

②このため、養家先である粟餅屋の天明家は絶家していること。

③養子縁組を解消した曾祖父母は貧しい生活を強いられ、曾祖父（権左右衛門）は早死にしていること。無理がたたったものと思われる。

④祖父（幸次郎）が他人の借金の保証をしたことが原因で父親（靍吉）が十五、十六歳で百姓奉公に取られたこと。

⑤祖父母の代も曾祖父母の代も嫁姑の確執が続いていること。

すべてが嫁姑の確執につながっているということは新たな発見であった。これこそが、私たち夫婦が解決しなければならない課題だと得心がいった。二人の子が犠牲になったことは必然であり必要だったのだ。親子関係を正すことを子供たちが教えてくれていたということにようやく気づいたのである。

◉父の心情を理解して心が変わる

もう一つの大きな発見は父（鶴吉）が百姓奉公に出されたことだった。肉体的にも精神的にも大変辛い体験だったようで、「カネさえあれば百姓奉公に出されなくて済んだ」と、金銭の大事さを身にしみて感じたようだ。そうした体験から「お金は使ったらなくなる」「お金を節約する（使わない）」「贅沢《ぜいたく》はしない」という衣食住のすべてにわたる質素な生活は、父にとって普通のことだったのである。妻が「お父さんは食べてくれなかった」というのは、決して妻を嫌っているからではなく、質素な生活が身についてしまっているから食べられなかったのだと理解できるようになった。口数の少ないのも、世辞をいえないのも、皮肉をいうのも、百姓奉公の体験に基づくものだったと理解できると、妻もそれほど気にしないようになっていった。

◉絶家した曾祖父母を祀る

また、絶家した養家先である粟餅屋の天明家と思われる古い墓を探し、菩提寺に頼んで供養してもらった。この家系調査には、妻はもとより両親も長兄も協力してくれたことが嬉しかった。

やがて妻と私の父親との関係は信じがたいほど仲良くなっていった。そして、父は私の妻を「セツ子、セツ子」と呼んでかわいがってくれるようになり、妻は父親から一番近い存在となった。おかげで長女、次男、次女と下三人の子たちは元気に生まれ育った。子供たちが犠牲となって私たちに先祖のご苦労を教えてくれたのである。妻と子供たちに心から感謝している。

本章では家系分析の実際を三つの例によって紹介した。家系分析によって生き方のステージが変わるという意味がお分かりいただけたであろうか。

おわりに　家系分析は幸せと成功の近道

小学生の頃は運動会と終業式が嫌いだった。運動神経が鈍い私は徒競争がいつもビリで、ビリになる言い訳のために自分から転んだことさえある。勉強もできなくて通信簿は2と3の中にときどき1が交じった。終業式に先生からもらう、そんな通信簿を母に見せるのはさすがに気が引けた。

このような私がたった一つ得意になれたのが暗算だった。家業が魚屋で、商人の子にはそろばんを習わせるという風習からか、低学年の時からそろばん塾に通わせてもらい、中学一年で一級が取れた。その腕を買われて魚屋の店頭で売り子をさせられた。何品目も買われるお客さんの合計金額を暗算で計算するのだ。お客さんでごったがえす店の奥から父が早口で「山田さん、いわし九十八円、シャケ百二十四円、まぐろ七百五十円、アサリ二百四円」とお買い上げされた商品を読み上げると私が即座に千百七十六円と答えてお客さんから代金をいただく。三ケタまでなら間違えることはなかったので、お客さんからずいぶん褒められた。天才だねと言われたことも度々で、その時だけは低い鼻が高くなった。

中学に進んでも勉強の成績は上がらず、やっと入った高校は附属高校だったので大学受験を経験することなく無試験で上がった私は卓球部に所属した。卓球三昧《ざんまい》といえば聞こえはいいが、実際は玉拾いと試合の応援。しかし、大学一年の終わり頃に複式簿記《ぼき》の講義に興味を持ち、初めて勉強の面白さを知ることになる。数字を扱うことがそろばんの延長線上にあったものと思われる。公認会計士試験を目指したものの大学在学中には実力がはるかに及ばず、某コンサルタント会社へ就職し営業部に配属された。一年半の営業経験は引っ込み思案《じあん》の私にとって貴重な体験であり、その後の人生に大きく役立つことになるのだが、会社の上司が売掛金を使い込むという不祥事に嫌気がさし、「そうだ、公認会計士になろう」と退職届を出した。

営業部長が自宅まで引き留めに来てくれ、父に「お父さんはご存じないでしょうが、この試験は半端でなく難しいので天明君には絶対に受からない。今の会社にとどまったほうがいい」と説得してくれた。しかし、父は「受かるか受からないかは天が決めること。若いうちに思ったことをさせてやりたい」と突っぱねてくれた。それがとても嬉しかった。無口な父が初めて口にした私への励ましだった。晴れて自由の身となった私は親のスネをかじりながら一日十時間の勉強を課して頑張った。

自信を持って臨んだ試験だったが、経営学の問題がまったく分からず目の前が真っ暗になった。万に一つの可能性もないと諦めた私は、藁《わら》をも摑む思いで大学が紹介してくれた薄衣佐吉公認会計士事務所の門を叩いた。ところが、指定された面接日の直前に試験の合格発表があり、私は何と合格していたのである。もし合格したら世界的な監査法人だったアーサー・アンダーセンかプライスウォーターハウスに入りたいと思っていた私は、面接を受けに行くかどうか逡巡《しゅんじゅん》した挙句、紹介してもらった義理もあるのでとりあえず薄衣佐吉公認会計士事務所を訪問した。義理半分で伺ったところが先生の威厳に圧倒されて弟子入りすることになる。

もし、あの時アーサー・アンダーセンに入っていたら、史上最大の詐欺事件ともいわれるエンロン事件に巻き込まれ路頭に迷っていたことであろう。エンロン社の粉《ふん》飾《しょく》会計が発覚した際、自社の社内資料の破棄指示を出していたことが発覚し、これが犯罪捜査における公務執行妨害として有罪判決を受け、アーサー・アンダーセンは解散に追い込まれたのである。人の巡りあいはつくづく不思議なものだと思う。

それから後のことは「はじめに」に書いたように、薄衣佐吉先生から「親に頭を下げよ、先祖につながれ」と一喝され、家系分析を活用しながら行き詰まった会社の指導にあたってきた。

平成二年に自分の力を試したくなって二十五年間教わった薄衣先生の元を離れて独立した。先生には大変迷惑をおかけする結果となったが、事務所を去る日の朝礼で「分け登る　麓の道は多けれど　同じ雲井の　月を眺むる」と古歌をもって送り出してくれたのがうれしかった。

その後、私の仕事は一変する。大学の後輩に連れて行ってもらったスナックの女将とのご縁がきっかけとなり多摩大学の非常勤講師をしていたら、当時、多摩大学の学長をされていた野田一夫先生から宮城大学の推薦をいただき、思ってもみなかった大学教授となった。宮城大学は県立であったことから、宮城県から市町村に、また国にとご縁が広がり、仕事の幅とともに自分の視野も広がっていった。そして退官後は再び野田先生の推薦で事業構想大学院大学に奉職し現在に至っているが、七十三年の半生の中で今が一番充実していると感じられるのが有難い。

運動会と終業式が嫌いだった私が現在のように変わったことに自分も妻も驚くばかりだが、サムシング・グレートの応援をいただいて運が味方してくれているとしかいいようがない。こんな私が、今、確信を持っていえるのは、家系分析は自分の可能性を精いっぱい引き出して幸せや成功を呼び寄せる一番の近道であるということである。

読者の皆様が両親を通じて先祖から受け継がれた遺伝子や環境因子を家系図として見える化し、徳を継承して自分の可能性を最大限に発揮されること。さらに、その徳を子供・孫に継承することで末代まで繁栄されることを心から願ってやまない。

合掌

四代家系図シート

	母方				父方			
曽祖父母の代								
祖父母の代								
父母の代								
本人の代								

※拡大コピーしてお使いいただくと便利です。

四代の生きざま調査シート

	曾祖父母		祖父母		父母		本人	
	曾祖母	曾祖父	祖母	祖父	母	父	妻	夫
生まれ方・育ち方	父方・祖父方	父方・祖父方	父方	父方				
	父方・祖母方	父方・祖母方						
	母方・祖父方	母方・祖父方	母方	母方				
	母方・祖母方	母方・祖母方						
生き方・働き方	父方・祖父方	父方・祖父方	父方	父方				
	父方・祖母方	父方・祖母方						
	母方・祖父方	母方・祖父方	母方	母方				
	母方・祖母方	母方・祖母方						
健康と死に方	父方・祖父方	父方・祖父方	父方	父方				
	父方・祖母方	父方・祖母方						
	母方・祖父方	母方・祖父方	母方	母方				
	母方・祖母方	母方・祖母方						
夫婦仲	父方・祖父方	父方・祖父方	父方	父方				
	父方・祖母方	父方・祖母方						
	母方・祖父方	母方・祖父方	母方	母方				
	母方・祖母方	母方・祖母方						
親子仲（親・子）	父方・祖父方	父方・祖父方	父方	父方				
	父方・祖母方	父方・祖母方						
	母方・祖父方	母方・祖父方	母方	母方				
	母方・祖母方	母方・祖母方						
徳・喜び	父方・祖父方	父方・祖父方	父方	父方				
	父方・祖母方	父方・祖母方						
	母方・祖父方	母方・祖父方	母方	母方				
	母方・祖母方	母方・祖母方						
不徳（悲しみ・苦しみ）	父方・祖父方	父方・祖父方	父方	父方				
	父方・祖母方	父方・祖母方						
	母方・祖父方	母方・祖父方	母方	母方				
	母方・祖母方	母方・祖母方						
その他	父方・祖父方	父方・祖父方	父方	父方				
	父方・祖母方	父方・祖母方						
	母方・祖父方	母方・祖父方	母方	母方				
	母方・祖母方	母方・祖母方						

徳・不徳の分析シート

1、家系分析にみる徳・不徳の整理	
＜徳＞	＜不徳＞

2、自分・家族への表れ方

3、仕事への表れ方（良いところ・改善すべきところ）

4、子供・孫へ継承したいこと

5、徳を伸ばし不徳を浄化するための今後の取り組み

〈参考文献〉

『創造経営経済学』薄衣佐吉著、白桃書房、一九八二年
『万人幸福の栞』丸山敏雄著、社団法人倫理研究所、一九四九年
『致知』二〇一四年十二月号、致知出版社
『致知』二〇一二年十二月号、致知出版社
『致知』二〇一五年二月号、致知出版社
『1／4の奇跡』山本加津子著、マキノ出版ムック、二〇一〇年
『家系分析入門』日本創造経営協会編、二〇〇二年
『根源生命との交流と夫婦の生きがい創造』日本創造経営協会編、一九九八年
『生命の暗号』村上和雄著、サンマーク出版、二〇〇七年
『高校生の心と体の健康に関する調査報告書』日本青少年研究所、二〇一一年
『欠けた心の磨き方』安藤大作著、フォレスト出版、二〇一二年
『知命と立命』安岡正篤著、プレジデント社、一九九一年

『京セラフィロソフィ』稲盛和夫著、盛和塾
『老舗と家訓』京都府、一九七〇年
『一流を育てる秋山木工の「職人心得」』秋山利輝著、元気が出る本出版部、二〇一三年
東北大学病院心療内科ＨＰ、http://square.umin.ac.jp/thkpsm/disease.htm

〈著者略歴〉

天明茂（てんみょう・しげる）

昭和17年東京都生まれ。明治学院大学卒業後、(株)日本コンサルタントグループを経て一般社団法人日本創造経営協会に所属。昭和55年よりTKC出版主催の研修会講師、中小企業大学校各校講師を務める傍ら、行き詰まった企業の再建、経営計画策定指導、講演活動などに携わり、平成9年から宮城大学に奉職する。現在、公認会計士、事業構想大学院大学教授、東京国際大学客員教授、宮城大学名誉教授、NPO法人全日本自動車リサイクル事業連合理事長、あおもり立志挑戦塾塾長、宮城県多賀城市行財政経営アドバイザー。

なぜ、うまくいっている会社の経営者はご先祖を大切にするのか

平成二十七年四月八日第一刷発行

令和七年二月二十五日第五刷発行

著　者　天明　茂

発行者　藤尾　秀昭

発行所　致知出版社

〒150-0001東京都渋谷区神宮前四の二十四の九

TEL（〇三）三七九六―二一一一

印刷　㈱ディグ　製本　難波製本

落丁・乱丁はお取替え致します。　（検印廃止）

ISBN978-4-8009-1071-4 C0095

ホームページ　https://www.chichi.co.jp

Eメール　books@chichi.co.jp